JN139324

I'LL MAKE YOU AN OFFER
YOU CAN'T REFUSE.

MICHAEL
FRANZESE

最強マフィアの仕事術

マイケル・フランゼーゼ

花塚 恵 訳

ディスカヴァー携書

200

I'LL MAKE YOU AN OFFER
YOU CAN'T REFUSE.

by Michael Franzese

Published by arrangement with HarperCollins Christian Publishing, Inc.
through Tuttle-Mori Agency, Inc., Tokyo

最強マフィアの仕事術

I'LL MAKE
YOU
AN OFFER
YOU CAN'T
REFUSE.

もくじ

01

マフィアだけが
知っている
実戦の知恵を教えよう

巨額の収益を生み出すマフィア

この一年、犯罪組織による非合法ビジネスは五〇〇億ドルを上回る収益を生み出した。これはＧＮＰの一・一パーセントに相当する。

なお、この数字は、麻薬売買、高利貸し、違法ギャンブル、売春といった非合法ビジネスのみの調査で算出されたものである。犯罪組織が行っている建設業、運送業、飲食業、興行といった合法ビジネスが生み出す収益は含んでいない。

『フォーチュン』一九八六年一一月一〇日号・特集「マフィア幹部トップ五〇」より

マフィア時代、私は一週間で数億円を稼いだ

一九八六年、雑誌『フォーチュン』は、財力と権力を基準にマフィアをランクづけし、トップの五〇人を発表した。

当時、私はニューヨークを拠点とする五大マフィアの一つ、コロンボファミリーのカポ（＝マフィア組織での幹部の呼称）で、その五〇人の一人に取り上げられた。しかも、三五歳の最年少幹部として、まるまる一ページの特集記事が組まれた。

マフィアのビジネスは多岐にわたる。私は、労働組合、建設業、興行、スポーツ団体に出資し、数当て賭博、馬券屋、高利貸し業の運営をしていた。さらに、自動車販売代理店と靴修理店のチェーン展開、ナイトクラブ、レストラン、パーティ施設の経営に携わった。

銀行や会計士、大手企業の役員すら私の言いなりに動かせた。株式投資でも利益を出した。そして、なんと言ってもガソリンの卸売り。これには禁酒法時代のようにた

んまり儲けさせてもらった。

これらのビジネスで、当時の私は週に六〇〇～八〇〇万ドルを稼ぎ出していたのだ。

その稼ぎぶりから、雑誌『ヴァニティ・フェア』では**〝アル・カポネの再来！今最も大金を稼ぐマフィア〟**と、ジャーナリストのトム・ブローコーには**〝マフィア界の王子。その資産は王族クラス〟**と、そして雑誌『ライフ』では、**〝マフィア界の若き天才〟**と評された。

GEに入社していれば、ジャック・ウェルチから一部門を任されたのではないか、ドナルド・トランプの会社への採用をかけたテレビ番組に出演していれば、最後の一人に残れたのではないか、といったことが頭をよぎることもあったが、すべてのチャンスを手にすることはできない。それが人生というものだ。

私のメイドマン（＝マフィアの正式な構成員の呼称）としての成功を一番喜んだのは父だった。

父のソニー・フランゼーゼはコロンボファミリーのアンダーボス（＝〝ナンバー2〟としてドンの補佐を務める。暴力団の若頭に相当）で、私がファミリーに入ったのも父の勧めがあった

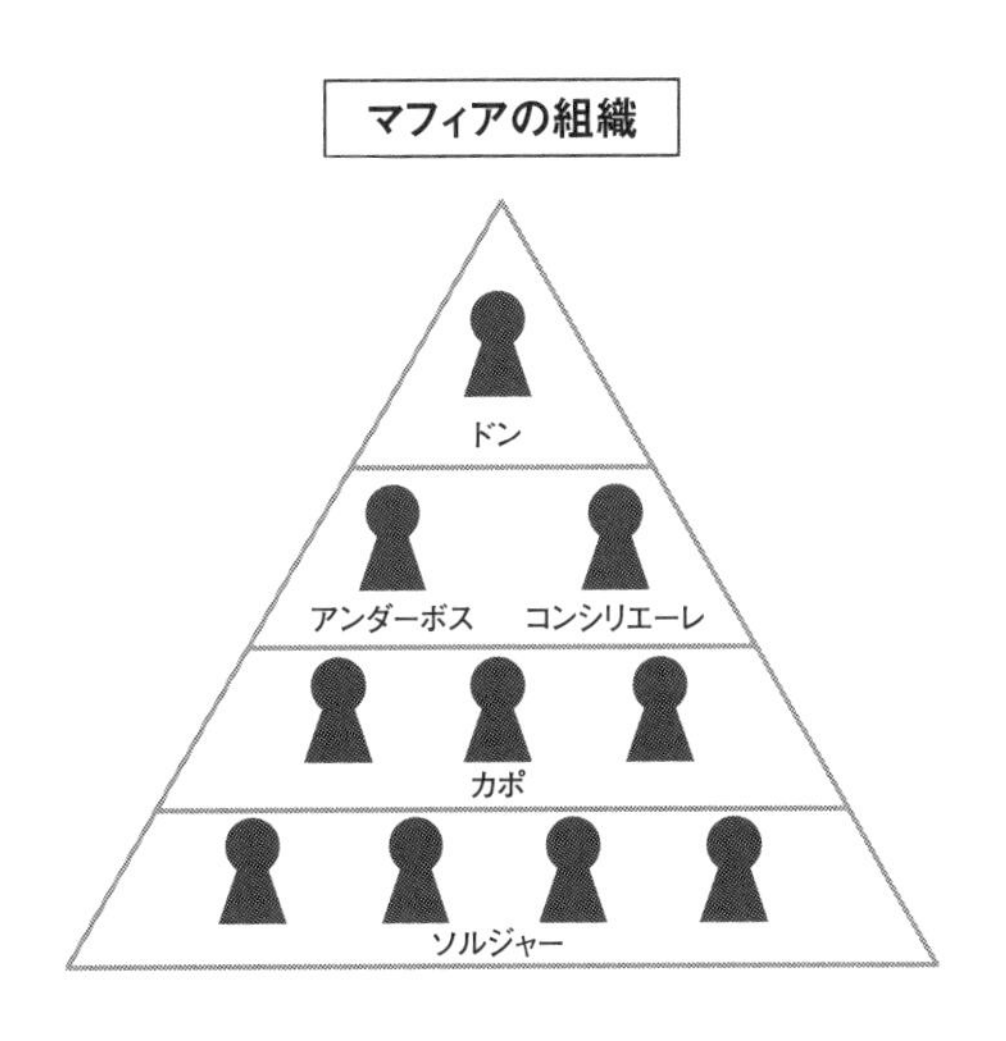
マフィアの組織
ドン
アンダーボス
コンシリエーレ
カポ
ソルジャー

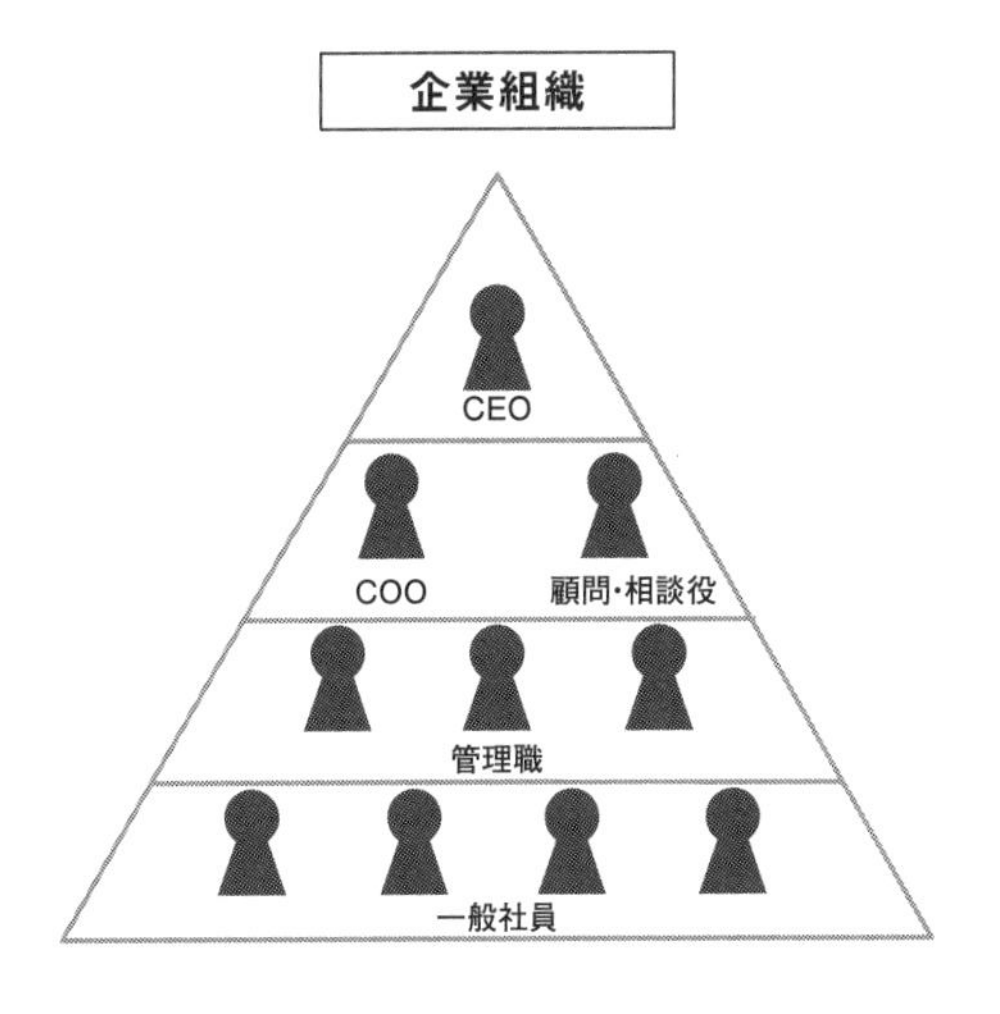
企業組織
CEO
COO
顧問・相談役
管理職
一般社員

からだ。父は銀行強盗罪で懲役五〇年の刑に服していたが、ファミリーに入った私がカネを稼いで出世していく姿を心から誇りに思っていた。

父が仮釈放されると、ファミリーの重鎮と若き成長株の息子ということで、私たちは親子でその名が知れ渡るようになった。

結局私は警察、FBI、司法省に追い詰められた

これだけ有名なマフィアとなったのだから、当然、警察当局からはマークされた。最初に私に挑んできたのは、当時マンハッタンで検察官をしていたルドルフ・ジュリアーニ（のちにニューヨーク市長に当選し、凶悪犯罪の撲滅に力を注いだ）だった。
ジュリアーニは私を恐喝罪で告発し、「トマス・デューイ（一九三〇年代にニューヨークの組織犯罪撲滅に貢献した人物）の再来」だと全国紙で大きく報じられた。だが、起訴に持ち込むことはできなかった。

次に私に立ちはだかったのは、エドワード・マクドナルドとニューヨーク東部組織犯罪撲滅部隊。マクドナルドはFBIを中心とした特別チームを組織し、何年にもわたって私の動向を見張り、私の逮捕に執着した。

彼は一四の政府機関と連携し「マイケル・フランゼーゼ対策チーム」を結成した。そして私が携わるビジネスを色分けしたチャートを作成し（色分けには二〇色のペンが必要だった）、カネの流れを解明しようとした。ビジネスの全容をつかむには何カ月も要したはずだが、彼らはやり遂げた。マクドナルドの活躍は非常に高く評価され、映画「グッドフェローズ」には本人役で出演している。

一九八五年が終わる頃、マクドナルドは九八ページにわたって二八の訴因を書き連ねた爆弾を、私と私の仲間に投下した。訴因状には、高利貸し、恐喝、電子通信手段による詐欺、不当搾取などマフィアのお家芸がずらりと並んだ。

そこには、私が独自に考案した犯罪もいくつか含まれていた。中でもガソリン税の脱税は、数十億ドルにのぼる大規模なものだった。

一ガロン（＝約三・八リットル）のガソリンを売ると三五セントの税金が課される。しかし、私は複数の石油会社を束ねた企業連合を形成し、それを通じて卸売りすることで税金の支払いをごまかしていた。ピーク時には一カ月で五億ガロンに達するほどの売れ行きで、アメリカ北東部の大西洋岸のガソリン市場をほぼ独占した。

大手石油会社に比べて一ガロン当たり三五セント儲けが多かった我々は、ライバル社よりも安い価格でガソリンスタンドに提供し、消費者にも安値の恩恵を分け与えた。

消費者は大喜びだった。国から盗んで国民に分け与えていたのだから、いわば現代版ロビン・フッドだ。もっとも、私とファミリーの両方が十分潤うだけの取り分はしっかり抜かせてもらったが――。


司法省はロビン・フッドがあまり好きではない。ただちに調査に乗り出し、内通者を通じて証拠を押さえた。ヤツらが私と会社を訴えるのは時間の問題だった。

そしてその日が訪れた。一九八五年一二月一六日、私はそれまで、（州警察とＦＢＩから合わせて）四度起訴されかかりながらもすべて不起訴になったが、五度目にしてついに、ブルックリンにある連邦裁判所でＦＢＩと対峙させられた。

「今回も逃れられますよ」私の弁護士はそう言った。

「あのジュリアーニに勝ったんですから、マクドナルドにだって勝てるはずです」

だが今回は逃れられなかった。いや、逃れようとしなかった。もう終わりにしたかったのだ。何もかも。

私はマフィアから足を洗うと決意した。

本当の知恵は実社会での経験からしか学べない

私がマフィアの一員、いわゆるメイドマンだったのは過去の話である。私は罪を償い、ファミリーと縁を切った。コロンボファミリーへの血の誓いを捨てることで、マフィアとしての人生の幕を閉じたのだ。

私が本書を書こうと決めたのは、コロンボファミリーのために大金を稼ぎながら学んだことを、形に残しておきたいと考えたからだ。

マフィアのビジネスとまっとうなビジネスに共通点などあるものか、と思う人もいるだろう。しかし、マフィアは毎年何千億ドルと稼ぎ出している。そして、その多くが合法のビジネス、あるいは法律すれすれのグレーゾーンのビジネスだ。

実際、マフィアはあらゆるビジネスと関わっている。司法省と警察は、マフィアが張り巡らせた巨大なビジネスネットワークを解体させようと、何十年も努力を重ねている。しかし今でも、マンハッタンの会議室からハリウッドの華やかな撮影スタジオ、はては国家財政を扱う聖域にまでマフィアの影が及ぶ。これは紛れもない事実である。

マフィアは人の恐怖心を利用して成功しているだけだと思われているかもしれない。マフィアは、パワーポイントの代わりに銃や鉄パイプを使っているのだと。

確かに、そういうケースがあるのは否定できない。だが、それはむしろ例外だ。そんなことをする必要がないのだ。

マフィアの大半は、高校すらろくに出ていないが、それでも何百万ドルもの収益をあげることができる。**ビジネスで成功するためには、教育と学歴が必要だと思われているが、本当に必要なものは別にあるのだ。**

成功したマフィアは、実業界でも同じように成功できる――私はそう確信している。マフィアの幹部になれる者は「実戦の感覚」とも呼ぶべき独特の直感を備えている。これればかりは、ハーバードやウォートンのような最高ランクのビジネススクールでも教えてもらえない。実社会で日々身の危険を感じ、知り合いがいつ敵に転じるともしれない生活を送っているからこそ身につくものだからだ。

マフィアは、話し合い（マフィアは〝シットダウン〟と呼ぶ）のたびに「ここで最期を迎えることになるかもしれない」と覚悟する。赤字を計上したら、別の赤いものの上に横たわることになる。そう、自分の血だ。生き残るための知恵を身につけなければ、マフィアは長生きできないのだ。

犯罪には高い代償がついてくる。間違いなく

ここで一つ確認しておこう。私には、犯罪行為を勧める気持ちは一切ない。犯罪は、罪の大きさにかかわらず決して許されるものではない。犯罪は罪のない人々の生活を脅かし、物理的にも精神的にも傷つける。

「見つからなければ大丈夫だ」などと、おろかなことを考えてはいけない。そんな考えでは、まず間違いなく捕まる。**現代の警察の捜査能力は非常に高い。**

この二〇年、政府は犯罪対策の強化に努めている。中でもホワイトカラー犯罪対策の進歩は著しい。ホワイトカラー犯罪というと、裁判所で注意される程度ですむと思われているかもしれないが、今は違う。発覚すればただちに逮捕され、厳しい罰を受けることになる。

捜査当局に目をつけられていても、ホワイトカラーの連中は気がつきもしない。その結果、エンロンやワールドコムの幹部は、イタリア製のスーツではなくオレンジ色

の囚人服を着るハメになった。

女性から絶大な支持を集めたマーサ・スチュワートも、華々しすぎる成功を収めた人物は全能の司法省から目をつけられるのだと知っていれば、刑務所の花壇の手入れをする代わりに、これまでどおりテレビスタジオのキッチンで料理を披露していただろう。

本書は犯罪を賞賛するものでは断じてない。マフィアのビジネスのやり方は教えるが、それと同時に、彼ら（私も含む）のような人生を送る厳しさも伝えるつもりだ。マフィアと同じやり方を選べば、必ず高い代償を払わされることになる。

ビジネスに〝秘密の方程式〟など存在しない

ビジネスを成功に導く〝秘密の方程式〟を知りたいと願う人は後を絶たない。

空港の書店に行けば、ドナルド・トランプのような成功者になれる秘訣を教える最新作が必ず並んでいる。金持ちになるべき理由、金持ちになる方法、成功者への階段の見つけ方……。要は、著者が成功を手にした秘訣を教えてくれるというわけだ。

そうした本に登場する、**莫大な資産を築いた実業家の多くにはある共通点がある。親から莫大な資産を譲り受けている、という点だ。**

ドナルド・トランプは、父の遺産四億ドルの一部を受け継いで資産家となった。石油王のJ・ポール・ゲッティも同様で、「私は自分でそれなりの金を稼いだが、父の石油事業を受け継がなかったら、〝ゲッティ帝国〟は築けなかったかもしれない」と自叙伝に綴っている。

ハワード・ヒューズも、父親が築いた財産を一八歳で相続した。父親が設立したヒューズ・ツール社を一九七二年に株式公開したときには、一日で一億五〇〇〇万ドルを手にしている。

両親や祖父母が裕福だったという資産家は多い。ビル・ゲイツもその一人だ。彼らが成し遂げた偉業にケチをつけるつもりはないが、パパから数億ドルもの大金を受け継いだ連中の言うことを鵜呑みにはできない。

それに、絶対に成功できる秘訣が本当にあったとしたら、他人に教えたりするだろうか？　ドラマの中であっても、決して教えたりはしないだろう。

資産もない普通の人が成功するには、いったいどうすればいいのか？

まずは、成功を約束してくれる秘密の方程式など存在しない、と自分に言い聞かせることだ。**「成功とお金を手に入れる一〇の秘訣」などという文句は、まやかし以外のなにものでもない。目を覚ませ。**

ビジネス書の著者の言うとおりに人生が進むことなどありえない。何が起こるかわからないのが人生だ。そんな本を読んでも、広告代理店と著者の懐が潤うだけである。

彼らが収入を得るのは何ら悪いことではないが、彼らのカモになってはいけない。

情報は役に立つ。しかし注意して扱え

成功への近道は存在しない。だが、近道よりももっといいものがある。それは「有益な情報」だ。だからマフィアの世界では、仲間同士で互いに情報を交換し合う。

ベルモント競馬場のどのレースでどの馬が勝つか
バスケットボールの試合で八百長行為をはたらく予定の選手は誰か
高級スーツを積んだトラックがいつどこで襲撃されるか……。

事前に正しい情報を得ておくことで、マフィアは稼ぐべきときに稼ぐことができる。
だから私も、私の本を読んでくれた〝仲間〟であるあなたに、ビジネスでうまくやるための「有益な情報」を提供するつもりだ。

《本書で私が教える〝有益な情報〟》

- さっさと要点に入れ。
- よい仲間と信頼できるコンシリエーレ（＝相談役）を持て。
- 手段を選ばず成功を目指す「マキャベリの教え」には罠がある。
- むやみに口を開くな。
- 望みの結果を引き出す交渉術。
- 失敗から学べ。
- ルールを破ることにはリスクがある。
- 本当の意味での「成功」を見極めよ。

ただし、ここで警告しておこう。**他人からのアドバイスに無防備に従っているだけでは、いつか〝痛い目〟にあう。**それは、マフィアからの情報でも、信頼できる親友からのアドバイスでも同じだ。

情報を鵜呑みにしたばかりに〝痛い目〟にあった（というか、私があわせた）男の話をしよう。

その男はある企業の幹部で、私に分配すべきカネをこっそり独り占めしていたので、少々痛い目にあってもらうことにした。ロングアイランドにあるルーズベルト競馬場で（この競馬場はもう存在しない）、私は彼に「第三レースは三〇倍の大穴がくる」と教えた。所持金すべてを賭けるべきだとアドバイスすると、彼はそのとおりにした。彼が賭けた馬は大きく遅れて最下位に終わった。彼は私の言いたいことがわかったようで、それ以降はきちんと取り分を払うようになった。

私も昔はそんなこともしていた。しかし、本書で教える情報やアドバイスは、すべて信頼してもらっていい。必ずあなたの役に立つとお約束しよう。

02

基本を知らないヤツは
何をやっても
成功できない

マフィアに向かって「何のためにビジネスをするのか？」と質問したら、おそらくニヤリと笑ってこう答えるだろう。

「カネを稼ぐためさ。ほかに何がある？」

さらに踏み込んで「その方法は？」と尋ねれば、うんざりしたような顔でため息をついてこう言うはずだ。

「あんたから奪うんだよ」

マフィアは「他人のカネは自分のカネ」だと思っている。だから、マフィアのビジネスプランは「いかにカモの財布からカネを奪うか」に尽きる。マフィアの言う「カモ」とは、自分のファミリーに属さない人全員だ。

こんな計画では銀行からの融資は受けられないだろうが、計画には違いない。ビジネスプランを持たないビジネスマンがあまりにも多いが、**計画がなければ何事も成し遂げることはできない。**これはマフィアのビジネスでも、普通のビジネスでも同じ、基本中の基本だ。

基本ができていないヤツは、どこにいっても、何をやっても、成功することはできない。まずはこれを肝に銘じておくことだ。

目標を定め、計画を立てろ。これが基本中の基本だ

カネを「造って増やす」ことができるのは、造幣局か偽札業者のどちらかだけ。それ以外の人はみな、製品やサービスを誰かに「買わせる」ことでビジネスを成り立たせている。

つまり、どんなビジネスも突き詰めればマフィアと同じ。クライアントや顧客のポケットからできるだけ多くのカネを奪い、自分の懐に収めるということだ。マフィアの仕事も、あなたの仕事も、しょせんはほんの少しやり方が違うだけなのだ。

ビジネスとは、事前に明確な目標を定め、その目標に沿って計画的に仕事を進めて

いくものだ。**見えない目標を達成することはできない。だからマフィアは、目に見える身近な相手をカモに選ぶ。**

目標は、具体的かつ達成できたかどうかが自分でわかるものでなければ意味がない。そういう目標を立てれば、なすべきことも自然と決まってきちんとした計画を立てられる。

かのレオナルド・ダ・ヴィンチもこう言った。

「自分の目的に沿った仕事をせよ」

これができなければ、結局は失敗する。

ところがだめなビジネスマンは、ちょっとうまくいかないことがあると、本来の目的を見失う。苦しくなればなるほど、目先の小銭に目がくらんで、計画にないことに手を出そうとするのだ。

もちろん、ときには柔軟な対応も必要だ。そんなことは言うまでもない。市場のトレンドや景気によって、計画に変更を加えねばならないこともある。だが、立てた計画そのものに問題がある場合を除いては、計画に沿った行動を取るべきだ。

計画というのは、ゴールまでの道から外れないよう引っ張ってくれる磁石のようなもの。よい計画を立ててそれに沿って行動すれば、苦しい時期が訪れても必ず乗り越えて、その先に待つゴールにたどり着くことができる。

マフィアが計画を書面にしないのは、裁判の証拠にされるのがオチだからだ。マフィアの関係者なら書類を抹消することをお勧めするが、そうでないなら、具体的な計画のない人は、今すぐ立てたほうがいい。

「甘い計画を立てるくらいなら、何もするな」

金持ちのところには、資金提供の依頼がひっきりなしにやってくるものだ。
実際私のところにも、「レストランを始めたい」「保険会社を始めたい」などと、実にさまざまな人たちが資金の提供を求めてやってきた。そんなとき、私は必ず何のた

めに起業するのかと質問した。

たいていは「収入を増やすため」といった答えが返ってくる。さらに具体的な説明を求めると、ほとんどの場合、同業他社を真似したような計画を話す。

今後のために覚えておいてほしい。**どこかで聞いたことのあるような計画は〝よい計画〟ではない。**大勢の中の一人では、誰からも融資を引き出すことはできないだろう。

コロンボファミリーで、私はイヤというほど学んだ。ろくでもない計画を立てるくらいなら、何もしないほうがマシだと。計画の立て方が甘いメイドマンは、たいていは寿命を縮めるハメに陥っている。

きちんとした計画を立てるためには〝計画書を書く〟ことが早道だ。書面にまとめようとすると、どうしても何度も見直さねばならなくなる。つまり、それだけ計画について真剣に考えさせられるということだ。

「筋は通っているだろうか？」「実行可能だろうか？」といった具合に、内容を誰よりも厳しい目でチェックし、その計画の最大の理解者になるのだ。

どこかで論理的に破綻している計画を実行しても、望ましい結果は生まれない。そんな計画ならさっさと捨てて、別の計画を考えることだ。

「早起きしてハードに働け。パジャマ姿で殺されるな」

計画が決まったら、あとは実現に向けて本気で取り組むだけだ。

コロンボファミリーの一員になった私は、ブルックリン地区キャロル・ストリートにある本部に顔を出すようになった。メイドマンとなった最初の一年は、毎日顔を出さねばならない決まりなのだ。

私はドンやカポと一緒にブラックコーヒーを飲みながら、彼らの話を夢中で聞いた。

あるとき、前日の朝に命を落としたよそのファミリーのソルジャーの話になった。そのソルジャーは、車に何かを取りに家を出た無防備なところを二人の男に銃で襲われたらしい。どこかのメディアは、パジャマ姿だったと報道していた。

その報道を知ったときのボスのコメントがとても印象的だった。

「パジャマ姿だと。いったいどういうつもりだ。殺されたのは朝の一一時だって言うのに！」

この言葉は私の胸に深く刻まれた。以後、私は一度もパジャマを買っていない。

マフィアで大成する者は、必ず夜明けとともに行動を起こす。しかし、メイドマンのほとんどは夜型の生活を好む。だから、大成できるのはごく一部だけなのだ。

私もメイドマンだったときは、仕事と遊びを兼ねて、マンハッタンやロングアイランドにあるナイトクラブや明け方までやっている酒場に毎晩のようにくりだした。だが、私はたとえ何時に床についても、必ずニワトリが鳴くと同時に起きて仕事に向かった。だいたい、一日に一五〜一八時間働くのが普通だった。

ハードに働かなくても成功できると思っているなら、引き出しいっぱいのシルクのパジャマを買えばいい。甘い考え方をしている人間にできるのはその程度の贅沢だ。

ビジネスで成功するための秘密の方程式は存在しない。ただし、成功者に共通することが一つある。それはハードワーク、つまり〝努力〟だ。

もちろん、努力すれば必ず成功できるとは限らない。努力も成功につながる一要素でしかない。しかし、努力なくして成功はありえない。

真面目に一所懸命働いているのに、何一つ成し遂げられない人は大勢いる。だが、真面目に一所懸命働かずに成功を手にした人は一人もいない。例外があるとすれば、宝くじに当たった人か、遺産を相続した人だけだろう。

父はこう言っていた。

「いいか、商売っていうのは、何から何まで気をつけて見ていなくちゃいけない。頭の後ろにも目がいるんだ」

マフィアの場合、いつ背後から三八口径のリボルバーで狙われるかわからないという心配があるが、あらゆるところに気を配るというのは、どんなビジネスにとっても大切だ。

何が言いたいかというと、**成功したいなら誰よりもハードに働き、多くのことに気を配らなければならない**ということだ。怠け心が生まれれば、必ず誰かに手綱を奪われる。

NFLで最下位だったグリーンベイ・パッカーズを優勝チームに育てたヴィンス・ロンバルディは、「努力を重ねたぶんだけ粘り強さが生まれる」と選手に教えていた。練習場で汗を流す量が多いほど、本番の試合で全力を出せると、彼は知っていたのだ。厳しい練習を積んでいれば、途中であきらめようとは思わない。なんとしても勝利を手にしなければ、という気持ちになるからだ。

経営者も同じだ。彼らの前にも、つねにさまざまな困難が立ちふさがる。しかし、会社の立ち上げに努力を注いだ人ほど、簡単には音をあげない。事業を経営するには、しっかりと腰を据えて取り組む覚悟が要る。そうして奮闘するうちに、ビジネスマンとしての個性が形成され、優秀なリーダーや経営者となれるのだ。

ハードワークが重要な理由はもう一つある。

ハードに働けば働くほど、成し遂げたいという気持ちが強くなるのだ。ラクをしようとしたり、むやみにあれこれと手を出したりする人は、いずれ必ず失敗する。勤勉な人は、道楽混じりに仕事をする人に勝るのだ。

ただし、**「努力すること」に夢中になってはいけない。**成功を目指して努力する目的の一つは、よりよい暮らしを送れるようになること。自分で事業を始めるということは、自分の好きな人生を歩む自由を手に入れるということである。それなのに、仕事の奴隷となってしまっては、大切な目的を果たすどころか逆効果になってしまう。

成功への階段は、賢くのぼることだ。成功については最終章で詳しく触れるが、ともかく、家族、友人、信仰など、自分にとって大切なものにかける時間は必ず確保すること。

最後にもう一つ。万一メイドマンになったなら、パジャマ姿で朝刊を取りに出るのだけはやめたほうがいい。

自分のすべきことに集中しろ

仕事は「賢く」しなければ意味がない。そうでないと、頭を切り落とされたニワトリのように、せわしなくかけずり回る要領の悪いビジネスマンになってしまう。

そういえば、「チキンヘッド」というあだ名の男がいた。しかし、それは彼が鳥の頭を撃ち落として射撃の腕を鍛えていたからで、ニワトリ並みの脳みそしかないヤツは、メイドマンにはなれない。

優秀なメイドマンは物事をシンプルに考える。そして、さっさと要点に入る。

すべては、カネを手にするまでの工程を明快かつ単純にするためである。

映画「ザ・エージェント」で「Show me the money!（カネを見せろ！）」というセリフが話題になったが、これは昔からのマフィアの常套句だ。

メイドマンがこう切り出すのは、今会社にいくらあるかを知り、それを根こそぎ奪うためだ。こういうやり方はまっとうなビジネスマンには向かないかもしれないが、いずれにせよ、目標を定めたら、寄り道せずに達成するべきだ。

目の前にちらつくチャンスに目を奪われ、今できることを明日に延ばしていれば、いずれ災難に見舞われる。頭の中も生活も混乱し、目標到達が難しくなる。無駄は省くに限る。目標の達成だけを考えることだ。


よい手本となる有名なビジネスマンの話をしよう。彼は自分の仕事を単純化し、そのやり方を四〇年以上貫いて数十億ドルに及ぶ純資産を築き、アメリカで二番目の金持ちとなった。

その人物とは〝オマハの賢人〟の愛称で知られるウォーレン・バフェットだ。

この株式投資の天才は、毎朝八時半に出勤する。会議には滅多に参加しない。電子メールもチェックしない。デスクにはコンピューターもない。電話で話すこともほとんどない。

彼が率いるバークシャー・ハサウェイは世界最大の投資持株会社である。しかし、

CEOであるバフェットの業務は必要最低限に抑えられている。やるべきことを絞ってそれに最善を尽くしているのだ。やるべきこととは、もちろん株式の売買だ。バフェットは、頭を切り落とされたニワトリのようにオフィスの中を走り回らなくてもすむよう、投資以外の業務については人を雇って任せているのだ。

彼のように、自分のやるべき業務を絞り、それに集中するのが賢明なビジネスマンだ。何から何まで自分の手で管理しようと躍起になって、しょっちゅう声を荒らげるのでは、成功は手にできない。

深呼吸をして、机の上や頭の中から不要なものを取り除くこと。最初に立てた計画に沿って行動すること。間違っても、混乱状態で決断を下してはならない。**ニワトリのように働くのではなく、ニワトリを優雅に食べられる仕組みをつくるのだ。**

ビジネスにはトラブルが付き物だ。マーケティングの効果が現れない、社員がミスをした、製品の不具合が見つかった、経理処理の効率が悪い、仕事場が汚い……。何もせずに放っておけば、トラブルはどんどん大きくなる。一つのトラブルが引き金となって次々にトラブルに見舞われる前に、行動を起こさねばならない。

自分のやるべきことを絞り、そのほかの業務は誰かに任せることが習慣になっていれば、トラブルが起きても迅速かつ効率的に対処できるので、パニック映画のような事態にならずにすむ。

信頼できる人物を選んで、仲間に引き込め

こんな格言がある。

「犬と一緒に寝そべれば、自分にもノミがつく」

ビジネスで成功するためには、支えてくれる確かな仲間が必要だ。バフェットも、信頼できる仲間がいなければ、あのような働き方はとてもできないはずだ。これればかりはどうしようもない。

「二人は一人に勝る。共に苦労するだけ、得るものも大きい」

ソロモン

「能力が高く信頼できる人々に囲まれていれば、君主は賢いと思われる。能力も信頼性もない人々に囲まれた君主に、よい評判が立つことはない。そういう人々を身近に置くことは、致命的な誤りである」

マキャベリ

優秀な部下や仲間は、自分を有能に見せる最高の材料だ。それに、目的の実現にもひと役買ってくれる。

ではどういう人物を仲間にすべきか？　次の三つの質問をクリアした人物を選べばいい。

そいつは〝誠実〟か？

そいつは〝有能〟か？
そいつは〝頼りになる〟か？

なぜこれらの条件を満たす必要があるのか、中でも最も大切な「誠実であること」から順に説明していこう。

信頼できる仲間の選び方①　誠実であるかどうか

私がガソリンの卸売りを始めたのは、ラリー・イオリッツォの紹介がきっかけだった。ラリーは実におおらかな男で、一九〇センチ、二〇〇キロの巨漢だった。

知り合ってすぐに、仲間の条件の三つのうち「有能であること」と「頼りになること」の二つをクリアした。彼には突出した商才があり、責任感も強かった。彼の協力を得たおかげで、ガソリンの密売で何百万ドルと儲けることができた。

しかし、誠実さに関してはどうだったか？

これはずいぶん後になってわかったことだが、ラリーは私と一緒に八年以上仕事をしながら、私の違法行為の証拠をすべてファイルに残していた。それがあれば、自分が当局に目をつけられたときに「見逃してもらう切り札」になると考えたのだ。そして彼は、自分が助かるためにそのファイルをFBIに差し出した。

結果的に私は無罪となったが、それでもラリーは当局との取引に成功した。あなたの周りに、こっそりと丸秘の情報をファイルしている人はいないだろうか？　ビジネスを行ううえで、誠実さは欠かせない。それはマフィアのビジネスでも同じだ。

信頼できる仲間の選び方②　有能であるかどうか

一九七〇年代の初め、私はニューヨークのヘムステッド地区にあるマツダの販売代理店を買い取った。当時まったく人気のない車だったが、マツダがロータリーエンジンの実用化に成功したのを励みに、私も何年もかけて売上げを伸ばすために懸命に努力した。しかし、その後ファミリーと〝血の誓い〟を交わしたため、代理店経営がままならなくなった。

マフィアの世界では、ドンから招集がかかれば、何をおいてもかけつけねばならない。ファミリーに私の代理を送り込むことはできないので、代理店経営の後任にふさわしい人物を探す必要があった。

幸い、デイヴィッド・エドリーチという非常に優秀な人物が見つかり、彼に経営を任せることにした。大きな決断を下すときは私の元に相談にきたが、基本的には彼に経営の全権を委ねた。

デイヴィッドは独自のアイデアを生かして売上げを伸ばし、親会社のマツダが開催した売上げコンテストで地区一位に輝いた。そして副賞の一〇日間のアジア旅行を私にプレゼントしてくれた。

自分の周りを優秀な人材で固めれば、彼らがカネを稼いでくれる。しかも、自分も優秀だと思われる。自分のやるべきことを絞ってそれに全力であたり、残りの仕事は優秀な誰かに委ねるのが一番だ。

信頼できる仲間の選び方③　頼りになるかどうか

「頼りになる」とは何か説明しよう。

昔、私の下に「フランキー・ギャングスター」というソルジャーがいた。そのあだ名からもわかるように、彼はマフィアの一員であることを心から誇りに思っていた。

ところで、メイドマンにはあまりあだ名のセンスがない。スニーカーばかり履いていたトーマスは「トミー・スニーカーズ」鼻が大きいジャックは「ジャッキー・ノーズ」ユダヤ人っぽい風貌のボブは「ボビー・ザ・ジュー」こんな具合だ。マフィアは何でもわかりやすいものが好きなのだ。

話を戻そう。一九八四年、私は大勢の部下とともに、ジュリアーニから詐欺罪で告訴された。しかし、そこにフランキー・ギャングスターの名前はなかった。私が保釈された翌日、フランキーはロングアイランドにある私の自宅にやってきて、ひどく落ち着かない様子でこう言った。

「ボス、なんで俺は捕まらなかったんですか?」

ヤツは逮捕されなかったことに、心から怒っていた。自分もマフィアの一員なのに、自分だけ取り残されたような気持ちになったのだ。仲間が当局から詐欺罪で告発されて、自分は告発されなかったと怒ったマフィアは彼が初めてだろう。

フランキーは本当に信頼できるメイドマンだった。だから私は、カポとしての日常業務の大半を、安心して彼に任せた。私のフランキーに対する信頼は厚く、賭博のかけ金の集金などの雑務はもちろん、フロリダでの別荘探しも任せたほどだ。

フランキーは、デルレイビーチに面した掘り出し物の別荘を見つけてきた。私は大いに気に入って、相手が絶対に「イエス」という額を提示するようフランキーに指示した。その建物だけでなく、トースターにいたるすべての調度品もそっくり買うつもりだった。売主にそのことを告げると最初は難色を示したが、フランキーが提示した額を聞いて態度を一変させた。その二日後、売主は一家でバハマ行きの船に乗り、手に入れた大金でレストランを開いたそうだ。

客観的にアドバイスできる〝相談役〟を身近に置け

仲間や部下の次に必要なのは「コンシリエーレ」だ。コンシリエーレとは、イタリア語で「顧問」や「相談役」という意味で、マフィアの世界以外でも当たり前に使われている。

映画「ゴッドファーザー」でロバート・デュヴァルが演じたトム・ヘイゲンは、ファミリーのドン、ヴィト・コルレオーネの忠実なコンシリエーレだった。

マフィアの組織構成の中には、正式に「コンシリエーレ」というポジションがある。誰がそのポジションにつくかはドンが自ら選ぶため、ファミリー内で大きな影響力を持つことになる。

ちなみに、生粋のイタリア人でもないトム・ヘイゲンがその座につくことは、現実のマフィアの世界ではありえない。ファミリーに入れるのは同郷の者だけである。

「計画を立てるときは、アドバイスを求めよ」

ソロモン

マフィアのドンは、専門家からアドバイスをもらうことが重要だと考える。

マフィアだけではない。政治家だってそうだ。ブッシュ父子はともに、ジム・ベーカーを首席補佐官に任命した。

芸能人だって、出演すべき芝居やコンサートをプロのコンサルタントに相談する。

一流のタレントは、契約内容を提示されても、信頼する人の意見を仰いでからでないと、絶対にサインしないものだ。

私にとってのコンシリエーレは父だった。

大きな決断を下すときは、行動を起こす前にできるだけ父の意見を求めた。客観的なアドバイスをもらえるからだ。

だからといって、必ずしも父の意見に従ったわけではない。ビジネスに関することではよく意見が食い違ったが、賛同できないにしても、自分よりもはるかに経験豊富な父の意見を検討できたことは、間違いなく決断の助けになっていたと思う。

コンシリエーレを選ぶときには、留意すべき点がいくつかある。

マフィアのコンシリエーレは、個人的な野心を持ってはいけないことになっている。これは、ドンをはじめ**特定の個人の利益は考慮に入れず、純粋にビジネスのことだけを考えてアドバイスを提供させる**ためである。

公正な意見を述べることができる人物でなければならないことから、コンシリエーレの適任者は、親友、親戚、配偶者、信頼できる社員、ボディガードなどから見つける場合が多い。その他、コンシリエーレに必要な条件を以下にまとめておく。

《相談役を選ぶには》

- ●ビジネスの裏も表も知り尽くし、有意義な意見を提供できる人物か？
- ●ビジネス上のメリットだけを考えて意見が言える人物か？

●お世辞を言わない人物か？
●ビジネスのためにならないと思えば、対立を恐れず正直に意見が言える人物か？

コンシリエーレは、情報不足や認識不足で視野が狭くなり、間違った判断を下してしまうようなことを防ぐ防波堤のような存在である。安心して相談できる相手を見つけて、最大限に活用するべきだ。

ビジネスは基本が肝心だ。計画を立て、計画に沿ってハードに働き、自分のすべき仕事に集中し、優秀な仲間をつくる。そうして土台を固めることが、成功への第一歩なのだ。

03

結果よければ
すべてよし!?
マキャベリの罠に
気をつけろ

前の章で、私は何度かマキャベリとソロモンの言葉を引用した。彼らはともに有名な思想家だ。なぜ、この二人の言葉を引用するのかをこれから説明しよう。

「マキャベリの教えはマフィアの思想そのものだ」

私がコロンボファミリーにいた頃は、刑務所に入ることになったら、必ず監獄の中で、ある人物の書物を読むようにと言われたものだ。その人物とはニコロ・ディ・ベルナルド・デ・マキャベリ。一六世紀にイタリアで外交官として活躍し、後世に名を残した思想家だ。

なぜマキャベリなのか？

まず、彼はイタリア人だ。マフィアなら誰でも、何事においても一番優れているのはイタリア人だと思っている。私もそう思っている。

野球では、ジョー・ディマジオより優れた選手はいない。

料理が世界一うまいのもイタリア人だ。

オペラなら、イタリアオペラに勝るものはない。

ミケランジェロは、絵画や彫刻で傑作を残した。

多彩な才能を発揮した芸術家といえば、レオナルド・ダ・ヴィンチをおいてほかにいない。

ポピュラー音楽を代表する歌手と言えば、フランク・シナトラだ。

これ以上説明する必要はないだろう。


実のところ、マフィアがマキャベリに学ぶのは「彼がイタリア人だから」だけが理由ではない。やはり、彼の思想がマフィアにとって理想的だからだ。

マキャベリはイタリア・ルネサンス時代に外交官として活躍した。政治思想を体系的にまとめ、君主として国家を統治する術を論じた『君主論』は世界的に有名だ。

マキャベリの思想は、私の時代のマフィアの礎だった。**『君主論』はマフィアにとってのバイブル**だと言っていい。

「誰のどんな行動も、結果によって判断される」

マキャベリ

正しい目的のためなら、どんな非道な行為も正当化できる、というのがマキャベリの主張である。結果さえよければ万事よし——ということだ。

非道な行為を規制する発言もあるが、それは非道な行為を正当化し、非道でないように見せかけるためだ。

「残酷で非情な行為を繰り返さないために、一撃でしとめるべし」

マキャベリ

マフィアは必ずしも一撃でしとめるとは限らないが、マフィアの考え方に通ずるものがあるということは理解できるだろう。

一九八七年にカリフォルニア州ターミナル島の連邦刑務所に収監されたときに、私は初めて『君主論』を読み、一言一句に深く共感した。まるで、マフィアの人生を描いた脚本を読んでいるかのようで、先輩のカポやドンから学んだ教えが次々に脳裏をよぎった。メイドマンとして、命を賭して守らねばならない教えばかりだった。

「軽い傷を負わせただけでは仕返しされる恐れがある。攻撃するときは、復讐される心配がなくなるまで徹底して攻めるべきだ」

「ダメージは一撃で与えよ。相手の苦しみは減り、反撃もされにくい。恩恵は少しずつ与えよ。そうすれば、ありがたみを長く味あわせられる」

「愛されるよりも恐れられるほうが安全である」

マキャベリ

マキャベリのやり方は、私のやり方だった。

先にも触れたが、私はガソリンの卸売り企業を一八社取り込んで企業連合を形成し、大西洋沿岸全域で何百万ドルと稼いだ。その当時、ガソリン業界の競争は熾烈を極めていて、中でも最大の敵は大手石油企業だった。

私の企業連合の利益は、ガソリンの販売量と直結していた。ガソリンが売れるほど利益も上がるのだから、できるだけ多くの企業を吸収しようと努めた。

とはいえ、世界的な総合エネルギー企業を取り込むのは無理だ。エクソンモービル、シェル、BPなどのいわゆる「石油メジャー」には手を出さず、それ以外の会社をすべて対象とした。ここでもう一つ、マキャベリの言葉を引用しよう。

「領土を獲得したいなら、周辺の国を味方につけ、敵を特定するべし」

マキャベリ

つまり「目的を達成するためなら、どんなことをしてでも敵を打ち負かせ」というのがマキャベリの教えだ。

マフィアにとっての最大の敵は、アメリカ政府と司法省だ。そして、私の石油ビジネスにとって最も厄介な敵は、石油メジャーだった。私は仲間とともに、政府と石油メジャーの両方にダメージを与え、かつ、自分たちの売上げが急増するカラクリをあみ出した。

「君主に、戦う以外の目的は不要である」

マキャベリ

我々は、ガソリン一ガロンにつき最低でも五セント、最高で四〇セントの脱税に成功し、石油メジャーよりもかなり有利な立場になった。そして、ガソリンスタンドなどの小売業者に対し、石油メジャーですら競合できないような安値で卸した。絶頂期には、一カ月で五億ガロンのガソリンがタンカーから消えていった。

一ガロン売れるたびに、政府のポケットから私の会社の金庫に少なくとも五セント入ってくるのだから、その額がどれほどのものだったかは、言わずと知れている。計算してみればいい。

マキャベリの教えは〝諸刃の剣〟だ

先の章で計画を立てることについて触れたが、ここでは計画を実行に移すことについて話をしたい。

人は誰しも人生観を持っている。そして、それは仕事のやり方にも表れる。生き方と仕事の仕方は別、という人はいない。仕事とプライベートを分けたがる人もいるが、しょせん同じ人間のすることである。

私は間違いなく同じだった。仕事をする自分も、遊ぶときの自分も、どちらも同じ自分である。だからこそ、マキャベリの罠には気をつけねばならない。

確かに、マキャベリの教えは成功に導いてくれる。だからこそ取り入れる人が大勢いる。ある学者は『君主論』を紹介するにあたり、こんなことを言っている。

「マキャベリは素晴らしい観察眼の持ち主だ。洞察力に優れ、また勤勉な性格であったのは間違いない。『君主論』は人間の真実の宝庫だ」

しかし、マキャベリの教えには人間をだめにする面がある。それをこれから説明したい。

マキャベリの教えに従ってビジネスを展開し成功したマフィアは、まず間違いなく失脚する。私もそうだった。組織犯罪での成功は諸刃の剣なのだ。

どういうことか詳しく説明しよう。

マフィアの世界では、ファミリーがマフィアの仕事に関わる者の面倒を見る。いかなる場合でも、ファミリーやファミリーの関係者に対して侮辱的な行為を働いたり、ファミリーの存在を脅かす行為に及んだ者は、刑務所に入ることになる。

だから、マフィアは仲間をあざむかない——ということになってはいるが、何しろマフィアは犯罪のプロだ。カネと権力がかかれば、仲間に敬意を払うことなど考えなくなる。それは私が身をもって知っている。

マフィア時代の私は、高利貸し、労働組合との裏取引、賭博、芸能事務所、スポーツ選手の契約代理業、そして、先にも述べたガソリンの卸売り、といった非合法なビジネスをしていた。

それだけではない。自動車販売代理店、リース会社、自動車修理店、レストラン、ナイトクラブ、映画の制作配給会社、建設会社、旅行代理店、ビデオショップなど、数多くの合法的なビジネスも成功させた。

私は、マフィアという立場を生かして自分のビジネスを拡大する術を心得ていた。事業の利権を獲得した場合、ソルジャーはカポに、カポはドンに、その利益の一部を〝上納〟する決まりになっている。つまり、利権を狙うほかのマフィアから守ってもらうためにカネを払うというわけだ。

上納金を払わずに利益を得ているとファミリーに知られれば、ファミリーから除名され、ビジネスの利権も取り上げられてしまう。まさにマキャベリの教えそのものだ。

上納金を払う意味はもう一つある。上納金があるおかげで、部下の収入源をドンが確実に把握できるようになるということだ。つまり、マフィアはいわゆるネットワークビジネスと同じ仕組みなのだ。

あるいは、上納金は、ドンを受取人にした生命保険のようなものだとも言える。マフィアがここまで考えているとは、少々意外だったのではないだろうか。

「政治(=ビジネス)と道徳は無関係である」

マキャベリ

ビジネスが拡大するにつれ、私はファミリーの〝稼ぎ頭〟として尊敬を集め、何かと優遇されるようになった。それと同時に、ミスを犯してそのすべてを失わないよう、神経を張り巡らさねばならなかった。

ボンゴレに必ずアサリが入っているように、マフィアに嫉妬と裏切りはつきものだ。

メイドマンとして成功しファミリーの中で出世するためには、どんなときでも直感を研ぎ澄ませていなければならない。私はそれを、ファミリーに入ってすぐに学んだ。マフィアの世界で生き延びていくには、なにものにも利用されることがあってはならない。

人々を恐怖心で統率し続けることはできない

マキャベリの教えを、実際に適用し、とてつもない成功を手にしているビジネスマンがいる。『君主論』を読んだ企業幹部や経営者がとくに重視するのが、先ほども紹介した次の一節だ。

「ダメージ(=値上げやリストラ)は一撃で与えよ。相手の苦しみは減り、反撃もされにくい。

恩恵（＝昇給、ボーナス、その他の特典）は少しずつ与えよ。そうすれば、ありがたみを長く味わわせられる」

マキャベリ

フォードがアメリカ有数の大企業になれたのは、ヘンリー・フォードがマキャベリの教えに従ったからだと言われている。

マフィアがアメリカで一世紀近く生き延びて栄華を極めることができたのも、マキャベリが教える権力の獲得と維持の仕方を忠実に守ってきたことが大きい。ありとあらゆる合法ビジネスの分野に進出し、禁酒法時代以降は、カネになる非合法な手口や商売を次々に考案した。

マフィアという生き方、マフィアとしてのビジネスは今なお生き残っているが、ファミリーの犠牲になったメイドマンは数知れない。刑務所ではなく自宅で天寿をまっとうできる者はごくわずかである。なぜか。

マキャベリの教えには、生き方に取り入れるうえで重大な欠点があるからだ。真実やならうべきことがたくさんあるからこそ、その落とし穴はわかりづらい。

マキャベリの教えは、人々に恐怖心を植えつけて忠誠を誓わせる。しかし、**恐怖心で統率された組織は、いつか必ず内部から崩壊する。**それは、策略、不信、裏切りが生まれる状況をつくるということだからだ。

恐怖心で人々を服従させている組織を潰したいなら、その組織以上に恐ろしい存在になればいい。すると、組織のメンバーの忠誠心はどこかに消え、力ある者が支配するというマキャベリの教えに潜む毒針が姿を現す。

「欲にかられると本当に大切なものが見えなくなる」

マキャベリの教えに従って「手段を選ばずより多くを得て維持すること」をビジネスの本質と考えると、本当に大切なものや最優先すべきことを見失ってしまう。その

例に当てはまるのが、CDS（クレジット・デフォルト・スワップ）という金融派生商品だ。

ウォーレン・バフェットはかつて、CDSのことを〝金融業界の大量破壊兵器〟と呼んだ。そのとおりである。この手のいんちきな金儲けの道具を考え出すのは、会社の利益を向上させる名目で私腹を肥やそうともくろむお偉方連中だ。マフィアがそういう手口をあみ出しても、すぐさま法律で取り締まられるというのに。

ここ数年、アメリカの大手企業が次々に債務不履行に陥った。会社や資産を失う人が世界中で続出し、その額は何兆ドルにもなるという。**マキャベリの教えの名のもと、欲にかられて行動すれば、いずれ必ず、人も会社も壊れることになる。**

私も、マキャベリの教えに従っていたときに手に入れた利権はすべて、刑務所に入り、ファミリーを抜けると決めたときに失う覚悟をした。それらは実際、奪われるか手放すかしなければならなくなった。

強欲については、後ほど改めて詳しく説明する。

手段を選ばず成功して、それが何になる?

プライベートでも仕事でも、道義や倫理はとても重要だ。私はそのどちらも持ち合わせなかった結果、失敗し、家族にも多大な迷惑をかけた。
仕事をしていれば、当然成功したいと願う。それは突き詰めれば、よりよい人生を送るためだ。しかし、手段を選ばずに成功する——そんなやり方で成功を目指しても、結局は人生が台無しになる。
いい家に住み、いい車に乗り、優雅なバケーションを過ごすといったことは、成功しなければ手に入らない。だから、勝つことには意味があるし、成功することにも意味がある。しかし、**成功で得たものを心から喜べるかどうかは、どういうやり方で成功を手にしたかで決まる**のだ。それを忘れてはいけない。

04

本当の成功を
手にしたいなら
ソロモンの教えに学べ！

九〇年代初め、いわれなき仮釈放違反を問われて刑期が延びた私は、よりにもよって旧約聖書を手に取って『箴言（しんげん）』を読んだ。
『箴言』は古代イスラエルの王ソロモンの格言を集めたものだが、ビジネス、とくに不景気なときの経営に関する教訓の宝庫だった。

ソロモンに学び、ビジネスの基盤を固めろ

仕事で成功し、その成功を維持したいなら、ソロモンの教えに耳を傾けることだ。ソロモンは、ビジネスの基盤とすべき価値観を教えてくれる。
『箴言』の冒頭には、同書を記す目的が次のように明記されている。

「知恵と規律を身につけるため、
見識の高い言葉を理解する力をつけるため、

「規律ある堅実な人生を手に入れるため、正しいことを公正かつ公平に行うため」

ソロモン

長年ビジネスの世界に身を置いた人なら、この言葉の大切さがわかるはずだ。

ビジネスでは〝知恵〟を使って、業績をあげるための戦略を立てなければならない。

そして、会社の今後に影響を及ぼす市場のトレンドを〝理解する力〟も欠かせない。

資金は軽率に使ってはだめだ。そこには〝規律〟が必要だ。

賢明な経営者は、仕事上のパートナーや社員に対し〝正しいことを公正かつ公平に〟行う。これは会社を長きにわたって繁栄させるうえで欠かせない姿勢だ。

ビジネスでは、顧客やクライアントに対しても、〝正しいことを公正かつ公平に〟行わねばならない。

しかし、何をもって〝正しく、公正で、公平か〟と考えるかは、人によって異なる。

実際、ソロモンにとっての正しいことと、マキャベリにとっての正しいことは、相容れない。

善い人間の〝ふり〟をする――それでいいのか⁉

私がマフィアにいた頃は、マキャベリの教えに強く影響を受けていた。そして今は、そのときと同じくらい強く、ソロモンの教えの影響を受けている。

人は自分の哲学に従って行動する。マフィア時代の私の哲学は、マキャベリ一色だった。

どんなことをしてでも必ず勝つ。

目的達成のためには手段を選ばない。

人間は、いい扱いを受けるか打ちのめされるかのどちらか。

これがマキャベリから学んだことだ。しかしソロモンから、マキャベリ式の〝敵に情けをかけないやり方〟がすべてではないと学んだ。

「不正に手に入れた富は次第になくなるが、
少しずつ富を貯める者はそれを大金に変えることができる」

ソロモン

ソロモンの教えは、マキャベリの教えの数々を真っ向から否定している。
マキャベリは、道徳を説いても現実には役に立たないと考えていた。道徳を守らない人は現実に大勢いるのだから、統治者が「善人」であり続けていては権力が弱まるばかりだ、というのが彼の主張である。
マキャベリによれば、君主に必要なのは道徳を守ることではなく、状況に応じて「善を捨てられるようになること」、すなわち、ときに不誠実になることだという。

必要とあれば、嘘をつく、盗む、だますなど何をしても、そうせざるをえない状況だったとその行為を正当化すればよい――、マキャベリはそう教えている。

またマキャベリは、「君主たる者、高潔さを一切持ち合わせていなくとも、つねに高潔に見えるように振る舞うべし」と言っている。さらには、実際に高潔であるよりも、高潔なふりをしているだけの君主のほうが優れているとも明言している。なぜなら、高潔さを持ち合わせていなければ、道徳にとらわれることなく、状況に応じて必要なことを行えるからだ。

君主には、制限も、境界も、ルールもあってはならない。マキャベリによると、君主は「風向きに応じられる柔軟な思考」を持ち、可能な限り善い行いに徹するが、必要とあれば悪事に手を染められなければならないのだ。しかしながら、「胸のうちで策略をめぐらせているときでも、慈悲深さ、誠実さ、人望の厚さ、公正さ、敬虔の念の深さを感じさせねばならない」とも言っている。

こうして見ると、マキャベリにとっての事業経営は、目的を達するためなら何をしてもよいということになる。

真面目に一所懸命働け。努力なしの成功はない

一方、ソロモンは、事業の成功には誠実さ、高潔さ、勤勉がカギだと唱える。たとえば「勤勉」について、ソロモンは次のような格言を残している。

「勤勉な者はいずれ指示する立場になるが、
怠惰な者は労働を強いられるだけで終わる」

「真面目に働けば利益がもたらされるが、
口先だけでは貧しさしかもたらされない」

「眠りたいと思っていては貧しさが増すばかりである。
目覚めていれば、有り余る糧（かて）が手に入る」

ソロモン

ビル・ゲイツは年に二日しか休暇を取らない。

トーマス・エジソンは、「天才とは一パーセントのひらめきと九九パーセントの努力である」と言った。

ヘンリー・フォードは、「働いていなければまともに考えることもできない」という言葉を残している。

要するに彼らはみな、「怠惰は思考をゆがませる」と思っているのだ。私も同感だ。

マフィアの本部でのんきにブラックコーヒーを飲んでいる者に、何百万ドルと稼ぐことはできない。

成功を約束するビジネス書にだまされるな

ソロモンは、金持ちになる秘訣を教えてくれるわけではない。
そもそも、ビジネスで大成して富を築くための「秘訣」など存在しない。人生は人それぞれだからだ。しかし、成功する人や会社は、しっかりとした土台を築いている、これは間違いない。
ソロモンは、個人や会社の強固な土台となる考え方を教えてくれる。

「教えはつねに胸に抱き、決して手放してはならない。心から大切にせよ。
それが自分の生き方となるのだから」

ソロモン

旅行をするたびに思うのだが、どの国を訪れても、主要都市にある空港内の書店には、ビジネス書が所狭しと並んでいる。私も多少は読んだ。ざっと目を通しただけのものを含めば相当の数になる。

率直な感想を述べると、内容はどれも似たようなものだ。

著者が実践した成功法則を真似すれば、あなたも成功者の仲間入り、豪邸とベンツの一、二台を手に入れられますよ、そのために成功の秘訣をわかりやすく五つや一〇や二〇にまとめて並べましたよ……というわけだ。

似たようなことを何作も書いている著者も少なくない。そういう本に価値があると考えるかどうかは、あなたが決めればいい。

しかし、書店には、これだけ成功の秘訣があふれているというのに、国家ですら負債で首が回らなくなる寸前だ。まったく、仕切っているヤツらの顔を見てみたい。

きっと、ビジネス書を読むビジネスマンはそれほど多くないのだろう。そうでないなら、多くのビジネス書は価値がないということだ。

はっきり言おう。**ビジネスの成功を保証する秘訣など存在しない。**それが現実である。

成功の保証がないなら、何をすればいいのか？

何もかもだ。

計画を立て、計画に沿ってハードに働き、集中すべき仕事を見極め、ともに目標達成に向けて働く仲間をつくる。そのすべてを、ソロモンの教えに沿って行うのだ。

05

おしゃべりなヤツは
大物にはなれない

一九七九年の夏、仮釈放が決まった父が、ロングアイランドの自宅に帰ってきた。それからは、キッチンでコーヒーとベーグルの朝食をとりながら、父にいろいろな話を聞かせてもらうのが日課となった。

当時、私はコロンボファミリーのソルジャーとして四年目を迎えていた。そんな私に、父はマフィアという生き方の難しさを教えてくれた。

何しろ、三〇年以上もマフィアの世界で生きてきた男である。父の話は、言ってみればベテラン教授の講義のようなものだった。さしずめ私は目を輝かせて通う学生で、教えのすべてを吸収しようと必死だった。

父の話の最中、私はほとんど口を開かなかった。父の語る波乱万丈な人生に、ひたすら耳を傾けた。この朝の講義はとても有意義なものだった。

父が何かを強調したいときは、決まって話に脚色が入る。私が子どもだったときからそうだった。

たとえば、ドラッグ中毒の恐ろしさを伝えたいときは、恐怖があおられるような脚色をした。私がオートバイを買いたいと言ったときは、バイク事故で亡くなった知り合いの話をつくりあげた。

たとえ事実でなくても、父の話はとても印象的で、しかも説得力があった。実際、私は今日にいたるまで、マリファナを吸ったこともバイクを買ったこともない。


ある朝、父が「ついてこい」という手招きをしながらバスルームに入っていった。そしていきなり、二つある蛇口を両方とも全開にし、さらにトイレの水も流した。

父は勢いよく水が流れ出す蛇口に顔を近づけながら、こうささやいた。

「口っていうのは、銃やナイフなんかよりもトラブルの元になる。自分の放つ言葉は、ときとしてとんでもない凶器となって自分の身を襲う。サツが仕掛けてくるどんな罠よりも恐ろしいものなんだ」

そしてこう締めくくった。

「いいか、考えなしに口を開くなよ！」

「愚か者の唇は口論を招き、その口は暴力を招く」

ソロモン

水を流したのは、誰かが盗聴器を隠し持っていることもあれば、電話や車、テーブルの下、応接室の壁に仕掛けられる恐れもあると教えるためだった。そして、しゃべっていいことと悪いことの区別を自分でつけられるようになることが何よりも大事だと説いた。

おかげで私は区別がつけられるようになったが、それができなかった仲間もいる。ジェリー・ジマーマンだ。

おしゃべりは最悪の〝災いの元〟だ

ジェリーは私と同じコロンボファミリーのソルジャーだ。身長一九三センチ、体重

一二〇キロの巨漢のくせに、ハイジャックされた飛行機に乗り合わせたら、犯人よりも先に口を開いてしまうようなおしゃべりな男だった。

実際、ヤツのおしゃべりはなかなかのものだった。

巧みな話術を駆使する詐欺を得意とし、私の自動車販売代理店を手伝うようになると、驚異的な営業成績をあげた。

彼は私が出会った中で最高の営業マンの一人だ。

私がジェリーと出会った頃、コロンボファミリーはイタリア系アメリカ人の権利を主張する公民権運動を展開していた。その活動の本当の目的は、世間をあざむくことにあった。「マフィアなど存在しないのに、ＦＢＩはイタリア系アメリカ人を迫害している」と世間に信じさせようとしたのだ。

ジェリーはイタリア人ではなくユダヤ人だったが、マフィアに知り合いがいた関係で、公民権運動に協力することになった。

マフィアには「イタリア人が最も優れた民族だ」と思っている者が多いが、仕事となれば民族は関係なく協力し合う。くだらない偏見にかまっている暇はない。

一九七七年、私がファミリーの正式な一員になって二年が過ぎた頃、私はロングアイランドの自動車販売代理店の経営をジェリーに任せるようになっていた。

ある日、私が二階のオフィスにいると、どこからか言い争う声が聞こえてきた。外を見ると、ジェリーが見知らぬ男と口論していた。身振り手振りを交えながら、二人の男が大声で怒鳴り合っている。

しばらくして口論がやみ、ジェリーが荒々しくドアを開けてオフィスに入ってきた。何があったのかと尋ねると、ジェリーは怒りに満ちた表情で話し始めた。

なんでも、我々から車を購入した客が苦情を言いにきたらしい。もちろん、ジェリーはそんなことにひるんだりしない。

「まったく、何を考えているんだ、あの野郎は」ジェリーが声を荒らげて言った。

「新しい車に交換しろって言うんだ。おまけに、交換しないなら、マリオとかっていう知り合いのマフィアを連れてくると脅しやがった。だから言ってやったんだ。さっさとそのスパゲティばかり食ってる田舎者を迎えに行ったらどうだ。どっちにしろ、車は交換しない。そんなに新しい車に換えてほしいんなら、その車で崖から飛び降りやがれ、ってな」

それを聞いて、私は彼に注意した。

「ジェリー、そういう口のきき方はやめろと言ったはずだ。本当にマフィアの知り合いがいるかもしれないし、客に向かってそんな態度を取るのはだめだ」

「あんな若僧に、マフィアの知り合いがいるわけがない。いきがってるだけさ。大丈夫、ユダヤ人のことはよくわかってる」というのがジェリーのそのときの見解だった。

マフィアは侮辱を許さない、絶対に

先の出来事の数日後、仲間のトニーから電話がかかってきた。夕方に、ブルックリン地区ベンソンハーストの一八番街にきてほしいという。

マフィアが一八番街で会うとき、普通は社交クラブの〈一九番ホール〉を利用する。この店のオーナーは、ルッケーゼファミリーのコンシリエーレ、クリストファー・フルナーリだ。私はトニーにその店で会おうと告げた。自分で運転して行きたくはなかったので、ジェリーとヴィニー・アスプロモンテ（ヴィニーも同じファミリーのソルジャーだ）に運転を頼んだ。

クラブに到着すると、トニーは店の前に立っていた。ジェノヴェーゼファミリーのカポが私に会いたいといって、通りの先のレストランで待っているという。

私はそのカポと面識がなかった。面識のないメイドマン同士が会うときは、安全のため、両者を知るメイドマンを介在させるのがマフィアのしきたりだ。その役割を担うのがトニーということだ。

駐車場に車を停めたジェリーとヴィニーも合流し、四人でレストランに向かった。二人には、私とトニーはよそのファミリーのカポと会うので、レストラン内のバーで待っているようにと告げた。

奥の部屋に入ると、恰幅のいいジェノヴェーゼファミリーのカポが、大きな丸テーブルにソルジャーを一人従えて座っていた。我々に気づくと二人は立ち上がり、トニーが紹介を始めた。

「マイケル、こちらが〝我らの友(アミコ・ノストロ)〟マリオ。ジェノヴェーゼファミリーのカポだ」

メイドマン同士が初めて対面するとき、必ず〝我らの友(アミコ・ノストロ)〟という表現を使う。この言葉がマフィアの一員である証しとなる。

「どんな顧客に対しても真摯な態度で対応しろ」

挨拶を交わし、我々は席に着いた。そのとたん、マリオが怒りの表情でこう切り出した。

「ジェリー・ジマーマンという名のユダヤ人をご存じか？」

私はブロックで殴られたような衝撃を受けた。ジェリーと騒ぎを起こした男の言っていた「マリオ」は実在したのだ！

「ええ、一緒に仕事をしていますが」私は冷静に答えた。

間髪を容れず、マリオが続けた。

「私は彼の死を望む！」そう言って拳をテーブルに叩きつけた。

「その男は私の義弟に向かって、私を侮辱した。だから彼には死んでもらう」


「自分の唇を警戒する者は自らの命を守る。

軽率に口を開く者は身を滅ぼす」

ソロモン

ジェリーがこのソロモンの教えに耳を傾けていれば、こんな最悪の事態にはならなかった。どんな場合でも、客に暴言を吐くのは、非常にまずい対応だ。常識と理性をもって接していれば、もっといい対処ができただろう。

顧客やクライアントに怒りをぶつけたとしても、命に関わるような事態にはならない。しかし長い目で見れば、会社の存続に関わる恐れはある。

たとえ顧客が横暴な態度を取っても、真摯に問題を解決しようとする態度を示すのが一番だ。相手がどういう素性の人物なのか、本当のところはわからないのだから。ひょっとすると、マリオという名のマフィアの親戚がいるかもしれない。

「交渉をあきらめたら、そこで終わりだ」

マリオは相当怒っていた。当のジェリーが店内にいると知れたら、大変なことになる。おそらくは血を見るだろう。何としてもジェリーを外に連れ出さねばならない。それも速やかに。

私は席を立ち、ロングアイランドから着いたところなのでトイレに行きたいと告げて部屋を出た。そのまままっすぐバーへ向かい、ジェリーにグラスを置いてすぐにレストランを出るよう促した。

「マリオが奥の部屋にいる。ご立腹だ」と短く告げ、「この通りの先に食堂がある。そこで待ってろ」と指示し、再び奥の部屋へ戻った。

私のカポの立会いを主張してその場を切り上げることもできたが、マリオの言い分をとりあえず聞くことにした。それからマリオの長い話が始まった。

ジェリーが彼の義弟を侮辱したことにも腹を立てていたが、何よりも〝スパゲティばかり食ってる田舎者〟と言われたことが許せないようだった。

マフィアは決して侮辱を許さない。それがルールだ。

はっきり言って私はかなり不利だった。相手はベテランのカポ。私はしがないソルジャー。ジェリーの首を差し出せと言われれば、要求に従わねばならない。

だが、私はその要求に従うつもりはなかった。

私はマリオに向かって、ジェリーがコロンボファミリーの一員になってからずいぶんになる、と話を切り出し、「その彼が〝我らの友〟を侮辱するなど考えられません。彼は分別のある男です」と嘘をついた。しかしマリオは、義弟が嘘をつくはずがないと反論した。家族であるぶん、彼の言葉のほうに重みがあるというのだ。

マリオは、当事者二人をここに呼び、義弟の言い分が正しいと証明させると言い出した。それは避けたかった。ジェリーがまた余計なことを口走ってしまうのは目に見えている。それに、マリオに誘導されて、侮辱したことを少しでも認める発言をすれば、ジェリーの命運はそこで尽きる。一巻の終わりだ。

「そんな必要はありません」私は言った。

「二人が口論になったとき、私はオフィスで彼らの言い争いを聞いていましたが、ジェリーはあなたを侮辱するようなことは一切言いませんでした」とまた嘘をついた。

マリオの義弟は家族だが、マフィアではない。こういう場合、**一般人より、メイドマンの言葉のほうを信じるのがマフィアの暗黙のルールだ。**それでもマリオは、義弟は嘘をつかない、私が聞き漏らした可能性があると言って譲らず、自分を侮辱したユダヤ人を殺す権利があると主張した。

私は私で、マリオの義弟が車欲しさにいい加減なことを言っているのではないかと反論した。そして、ジェリーの身に万一のことがあれば、義弟も同じ目にあうことになるともつけ加えた。

「妥協すべきときもある。優先順位を決めて判断しろ」

私とマリオの話し合いは一時間近く続いた。どちらも一歩も譲ろうとはしなかった。当時のメイドマンは、〝メンツ〟をとても重視していたのだ。

私は、この場で事態を収める必要があると考えた。マリオは頭に血がのぼっている。このままでは、いずれ私の直属のカポと話し合いが持たれ、マリオの望む結末になってしまう恐れがある。私は自分のカポに、仲間を病院送りにする決断を下させたくはなかった。

一時的にせよ、永続的にせよ、今の状況を打開しジェリーの身を守るには〝戦術的撤退〟以外に選ぶ道はなかった。

「死に連れ去られようとしている者がいれば救い、
自ら殺されに向かっている者がいれば助け舟を出すがよい」

ソロモン

何よりも優先すべきはジェリーの命を守ることだ。これだけは絶対に妥協したくなかった。そして、その目的を達成するには、何かをあきらめねばならないこともわかっていた。特別有利な立場でない限り、融通を利かせないのは賢いやり方ではない。**何一つ譲らなければ何一つ得られないなら、何かをあきらめるほうがいい。**戦術的撤退は〝妥協〟であり〝負け〟よりはマシな結果が生まれる。

マリオが義弟の顔を立てたがっているのはわかっていたので、私はその部分を譲ることにした。彼の義弟には新しい車を与え、気分を害させたことについてジェリーを厳しく叱責すると約束すればいい。

そうすれば、マリオは義弟のヒーローになり、ジェリーは生き延びられるだろう。

車の費用はジェリーのボーナスから差し引くことにしよう。

私が何か思いついたとマリオは感じたようだった。しかし、あくまでも、ジェリーに何らかの罰を与えるべきだと主張した。それは受け入れられない、と私は拒んだ。

こうしたやりとりが一五分ほど続き、私は妥協案を提示した。マリオはそれを受け入れた。これでジェリーは、夜明けを迎えることができる。ただし、ロングアイランドに帰る車中、ジェリーに懇々(こんこん)と説教したのは言うまでもない。

「おしゃべりは災いを招く。何度でも」

ジェリーにはロサンゼルスで自動車ビジネスに携わる兄がいたので、しばらくそこで過ごすよう勧めた。マリオの気が変わるかもしれないからだ。ジェリーは私の意図することがわかったらしく、週が明けないうちに荷造りをして西へ旅立った。

しかし、今度はハリウッドでトラブルを起こしてくれた。あんな華やかな世界のすぐそばに行って、あのジェリーがおとなしくしているわけがなかったのだ。

ジェリーからの電話の内容はこうだ。

「映画をつくるんだ」ジェリーは言った。「ホラー映画だ。脚本はできているし監督も見つけてある。俺のパートナーにならないか？」

次に彼が何を言うかは火を見るより明らかだった。

「それで、予算二五万ドルの三分の一を出資してもらいたいんだけど」

私は彼に、映画づくりの知識はあるのかと尋ねた。するとジェリーは、映画づくりがいかに簡単か、スタジオを訪れたり、製作に携わることがいかに楽しいかを語りだした。

おまけに、私には「エグゼクティブ・プロデューサー」の肩書きをくれると言う。いったい、それに何の利益があるのか私にはよくわからないが。

ひととおり話を聞くと、とにかく八万三〇〇〇ドルを都合してほしいということだった。私が出資しなければ、おそらく誰かから痛い目にあわされるのだろう。突拍子もないことをしでかすジェリーだが、私は彼をどうしても憎めなかった。その向こうみずな行動を、おもしろいと思ってしまうのだ。

「わかった。カネを送ろう」私はジェリーに言った。「ちゃんと元を取ってくれよ」

「お安いご用さ。映画は俺の天職なんだ」

そうジェリーは答えた。もしかしたら映画制作の才能はあるかもしれないが、経済観念はゼロに等しい。案の定、その後予算は足りなくなった。だがそれすらも、トラブルのほんの序章にすぎなかった。

二週間もたたないうちに、また電話が鳴った。今度はジャック・ジラルディという ICMの社員からだった。

ICMは、芸能界に大きな影響力を持つ業界最大手のタレント事務所だ。私に折り入って話があるので、近々ハリウッドにきてもらえないかという。またしてもジェリーが何かやらかしたのだ。

口は閉じておけ。そして頭を使え

私は話し合いの当日にロサンゼルスへ飛び、ジェリーに空港へ迎えにこさせた。ホテルまでの道すがら、ジラルディはどんな人物なのかと尋ねると、ジェリーは早口でジラルディの悪口をまくしたてた。

ジェリーの話によると、制作中の映画にICMの俳優に出演してもらったところ、後になってから急に、一〇パーセントのコミッションを要求されたという。

ジェリーはあれこれ難癖をつけて支払いから逃げているようだった。思いつく限りの理由を並べ立てたに違いない。

「助けてくれるよな?」とジェリーは言うが、私はすでに五〇万ドルを投資していた。最初の映画の予算全体の倍の大金だ。これはさすがにジェリーの口座(ポケット)から引き落とすしかないだろう。

ジェリーはポケットに手を突っ込むことが何よりも嫌いだった。まあ実際、一九〇センチ以上あってこれほど手が短かければ、突っ込むのも大変だろうが。

私は最初、自動車の一件のときと同じようにジェリーを助けるつもりでいた。だが、なぜだかよくわからないが、ジラルディの言い分を聞くべきだと思い直した。

ジラルディはメイドマンではないし、ICMはマフィアのファミリーではない。つまり、ジェリーの命は危険にさらされていない。ただ単に、彼のエゴと銀行の残高の問題なのだ。

「じゃあ、ジラルディに話をしに行こう」ジェリーの話が終わると、私はそう言った。

ハリウッドのタレント事務所の人間は、時間にルーズだと言われている。とくに大手の事務所になるほど、権力を誇示するかのごとく遅れてくるという。

しかし、我々が到着したとき、ジラルディはすでに待っていた。感心なことだ。

ジラルディのほうへ歩いていくと、彼はこちらに気づいて立ち上がった。ダークカラーのスーツにネクタイ。一分の隙もない格好だ。そういう外見や立ち居振る舞いから、もともとはロサンゼルスの人間ではないような気がした。

席に着いて飲み物を注文し、ロサンゼルスの交通事情や天候、映画産業のことなど、当たり障りのない話をした。彼はとても感じのいい男で、出身は私の大好きなシカゴだという。

世間話が終わり、いよいよ本題に入った。

「そもそもこの話し合いは何のためでしょう？」

私がそう切り出すと、厄介なことに、ジラルディよりも先にジェリーが話し始めてしまった。それがジェリーという男だ。どうしても口が先に動いてしまう。

案の定、ジェリーはＩＣＭにコミッションを払わない理由を次々に並べ立てた。

俳優の演技がよくなかった。

希望した俳優ではなかった。

その俳優のせいで予算をオーバーするハメになった……。

ジェリーは、私が投資した額の一部をＩＣＭが弁済するべきだ、とまで言い出した。

ジラルディと私は黙って聞いていた。ジェリーは優に五分はしゃべり続けただろう。ICMを一方的に非難し、しまいには、マリリン・モンローの死までICMのせいにした。

ジェリーの話がひと息ついても、ジラルディはピクリとも動かず座っていた。あまりの剣幕に、どう反応してよいかわからなかったのだろう。

「先に相手にしゃべらせて情報を集めろ」

これまで「むやみにしゃべるな」と何度ジェリーに注意したことか。それでも彼は、どうしても抑えられない。自分から論争の中に入っていって話をややこしくしては、新たに話し合いの場を設けることになるのが常だった。しかも、非があるのはいつもジェリーだ。とはいえ彼は私の仲間である。だからいつも彼を守った。

ただ、私が立ち会うときでも、彼の言動は変わらない。相手の言い分を聞く前に自分から口を開いては状況を悪くする。相手がひと言も発しないうちから墓穴を掘ってしまうのだ。今回も同じだった。

「話を聞かないうちに答えることは、無知の証しであり恥と知れ」

ソロモン

ビジネスでは、聞き上手になることが何よりも大切だ。

口を閉じて人の話に耳を傾ければ、自然と情報が入ってくる。その情報は、新たな行動を起こしたり、決断を下したりするための判断材料になる。

聞き上手になろうと意識していると、新しいことを始めるときにも事前に情報を求めるクセがつく。そうすれば、事前に調べたことや入手した情報に基づいて、もっといい判断ができるようになる。

ビジネスセンスというのは情報を集めることで養われ、経験を通じて磨かれていくものだ。しかし、ジェリーはそれがわかっていない。そして、そのツケを払わされようとしていた。

私はジェリーにいくつかの質問をした。質問の前に、「イエス」か「ノー」で答えるようにと念を押した。

「ＩＣＭの俳優は映画に出演したのか？」

「イエス」

「その俳優は、映画の中でちゃんと演技をしたのか？」

「イエス」

「ＩＣＭとおまえの制作会社の間で、俳優を出演させた際にコミッションを支払う契約を交わしたのか？」

「イエス」この質問には少々決まりが悪そうだった。

「それで、ＩＣＭに払うと約束したカネは払ったのか？」

「……。」

これまでと同じ答えを返せないジェリーは、とんでもないことが起きたのだとわめきだした。撮影現場にアネット・ファニセロがやってきたのだと言う。

……………、アネット・ファニセロだと！

私が少年時代に秘かに憧れていたアイドルに、いったい何の関係があるというのだ？

そこから先はジラルディが説明してくれた。なんと、彼はアネットの夫だった。

「あなたがアネット・ファニセロの夫？『マウスケティアーズ』のアネットの？」

私はすべてを理解した。

五〇年代にアメリカで少年時代を過ごした子どもは、ディズニーのテレビ番組「ザ・ミッキー・マウス・クラブ」を見て育った。番組内で歌って踊るグループ「マウスケティアーズ」は子どもたちの憧れの的で、アネットは一番人気のメンバーだった。

私も例外ではない。コロンボファミリーのメイドマンになりたいと思う前は、マウスケティアーズに入りたいと本気で思っていた。アネットに会いたかったからだ。

その少年時代のアイドルの夫が正当に稼いだカネを、自分の仲間がくすねようとするのを、私はかばってやろうとするところだったのだ……。

ジェリーが口をすべらせなければ、私がこの事実を知ることはなかった。この場でジラルディが自分の妻の話をする理由はない。私が彼の妻のファンだったことなど、知る由もないのだから。

ジェリーにはもう、申し開きの余地はなかった。彼がアネット・ファニセロの夫への嫉妬心から難癖をつけたのは明らかだ。

ジェリーの話が終わると、私はジラルディにコミッションの金額を尋ねた。正確には思い出せないが、確か二万ドル強だったと思う。

私は一切の反論を許さないという目でジェリーを見据えてこう言った。

「払うものは払え！」

ジェリーが不満を言い出す前に「これからも映画製作を続けたいと思っているのか」と質問した。どんな答えが返ってきたかはおわかりだろう。

「なら、どうして、最大手のタレント事務所への支払いを踏み倒そうとするんだ？」

私は厳しく追及した。

「こういう噂はあっという間に業界に広まる。そうなれば、映画に出演する俳優がいなくなるぞ。いいか、今後はそのデカい頭を使って行動しろ。短い腕をポケットの奥まで突っ込んで、今すぐＩＣＭに支払え」

私はジェリーを叱りつけ、この問題は幕を閉じた。

「口先で考えるな。まず頭で考えてから口を開け」

当時、ジェリーは、たった一本のホラー映画を製作しただけに過ぎなかった。しかも、それは出資者にとっては恐怖だったが、観客にとっては怖くもなんともない内容だった。

だが彼は、自分は第二のヒッチコックだと思い込んでいた。映画熱にとりつかれてしまったのだ。

その後は、すべてがうまくいった。ジェリーは私とともにB級映画の制作を続け、そこそこの成功を収めた。中でも「ミッドナイト・ウォリアーズ」は、ヒット作と呼んでもいいだろう。おまけに、その映画で私は未来の妻に出会った。ジラルディとの付き合いも、この一件以来三〇年以上にわたって続いている。私がさまざまな映画やテレビ番組に出演できたのも彼のおかげだ。

「知恵ある者は命令を受け入れる懐の深さがある。口先だけの愚か者には破滅がやってくる」

ソロモン

優秀なビジネスマンは、男女を問わず口数が少ない。しかし、口を開けば、鋭い指摘や賢明な意見が飛び出すものだ。

充実したプライベートを送りつつ、仕事で大きな成功を手にしたいなら、「よく考えてから行動する」「自分が口を開く前に、まずは相手の話に耳を傾ける」「考えなしに口を開かない」。この三つを決して忘れてはならない。

06

マフィア流の会議術
“シットダウン”から
交渉テクニックを学べ

「スターのエージェント」を自称するノービイ・ウォルターズの身に、危険が迫っていた。

ノービイのビジネスは順調で数百万ドルの稼ぎがあった。ところが彼は、サイレントパートナー（表には名前を出さないパートナー）として出資していた私の父、ソニー・フランゼーゼのカネをごまかそうとした。

「自分の取り分は確実にいただく」が父のモットーである。そんな父の取り分をくすねたらどうなるか――それをノービイは身をもって知ろうとしていた。

【シットダウン――それは命がけの交渉術だ】

私は父から、ノービイとの〝正式な話し合いの場〟をセッティングするようにと命じられた。マフィアの世界では、この手の話し合いのことを「シットダウン」と呼ぶ。

シットダウンは、イカのフリットをつまみに白ワインを楽しむような会ではない。

マフィアの文化に昔からあるもので、問題について話し合ったり解決したりするときは、必ず「座って話そう」(シットダウン)ということになる。

会場は、参加者や話し合いのテーマによって異なる。マフィア同士のシットダウンなら、安全が確保できて人目につかない場所を探すのが常だが、ノービイはマフィアではないし、合法的なビジネスに関する話だったので、そこまでする必要はなかった。だから、マンハッタンの劇場街近くにある有名なレストラン〈ステージ・デリカテッセン〉で会うことにした。

私は今でもその夏の日のことを鮮明に憶えている。店がひどく混んでいて、テーブルの間隔がとても狭かった。隣の男の息のにおいで、そいつがパストラミを食べているとわかるほどだった。

この店が混んでいるのはいつものことだ。観光客以外はほとんどがビジネスマンで、会社幹部、音楽業界の関係者、タレント事務所の社員、弁護士、芸能人らが、契約の交渉、次のツアーやブロードウェイの舞台の打ち合わせ、新曲の打ち合わせなどを行っていた。

「ミスター・マニロウ、次回作のアルバムのロイヤルティは、一六パーセントでよろしいでしょうか?」

「ミズ・ワーウィック、ブロードウェイのミュージカルに出演していただけませんか?」

「メーシーズ・デパートに彼を紹介してみようか」といった会話が聞こえてくる。

父と私がした会話はこうだ。

「ミスター・ウォルターズ、脳みそは頭の中にあるほうがよろしいのでは? このままではライ麦パンに添えることになりますよ」

マフィアも芸能界も実業界も、つねに何らかのかたちで交渉の場を持つ。そういう意味ではみな同じだ。

ただし、私たちとの「シットダウン」にのぞむノービイはかなりのリスクを背負っていた。何しろ、話題にのぼっているのは彼自身の命だったのだから。

「庇護者(ひごしゃ)」にはカネを払え

ノービイは、次々に超有名ミュージシャンのマネジメントを手がけることで知られていた。

ジャネット・ジャクソン、ディオンヌ・ワーウィック、ライオネル・リッチー、コモドアーズ、リック・ジェームス、スピナーズ、フォートップス、カメオ、マイルス・デイヴィス、ルーサー・ヴァンドロス、パティ・ラベル、クール・アンド・ザ・ギャング、ニュー・エディション、ベン・ヴェリーン、マーヴィン・ゲイ……。

彼はユダヤ人だが、心は黒人だった。ジャズやブルースに傾倒し、あたかもパーカーを着て育ったかのように振る舞い、それが黒人ミュージシャンの心をつかんだ。マネジメントを頼んでくるミュージシャンは後を絶たず、彼は大いに儲けていた。

音楽の知識に加え、彼には「庇護者」もいた。それが私の父だ。庇護者とは、仕事や売上げを奪おうとするライバルから守ってくれる存在だと思えばいい。

コロンボファミリーの一員であるソニー・フランゼーゼの庇護にある限り、ノービイには誰も手出しできない。当然、その見返りとしてノービイはコロンボファミリーに儲けの分け前を払わなくてはならない。ところがノービイは、父が刑務所に入ったとたん、支払いをやめてしまったのだ。

仮出所した父は、ノービイに精算させると息巻いた。

「私のものは私のもの。カモからカモにされるわけにはいかない」

父の言う「カモ」はマフィア以外の人間すべてだ。

古い友人も、CEOも、スターも、アメリカの大統領も、マフィアにとってはみんな「カモ」だ。彼らを利用しても、彼らに利用されることがあってはならない。カネをだましとられるなどもってのほかだ。

父は何としても取り分を払わせるつもりだった。それこそ最後の一セントまで。

父から話し合いの場をセッティングするよう命じられたとき、私にはそれが何を意味するのかわかってしまった。

本音を言えば、ノービイには殺されてほしくなかった。私にとってはいい友人で、一緒にいて楽しかったし、友人だと思うからこそ、父にカネを払うよう圧力をかけたりもしなかった。それに、私には私のビジネスがあり、そのときにはもう、私一人で何百万ドルも稼ぐようになっていた。

また、ようやく仮出所できた父が、再び刑務所に戻らされることは避けたかった。私は父を冷静になるよう諭し、支払われなかった額については水に流したらどうかと提案した。やっと家に戻れたのだから、過去は忘れてしまえばいい。

今後、父の取り分とファミリーへの上納金が毎週確実に支払われるよう、私がノービイに話をつける。彼のビジネスは急成長しているから、ファミリーに入る額もかなりのものになるはずだ。

こうして、ノービイとの会合は、あくまでもビジネスパートナーである旧友とのランチとして、過去の話には触れず今後のことだけを話すつもりでいた。それを、ノービイ自ら台無しにしてしまうとは……。

会合当日、あいさつを交わしてサンドウィッチを注文し、互いに簡単な近況報告を終えると、父が本題を切り出した。

「今日以降、対等なパートナーとしての正当な報酬を、毎週払ってもらう」

そう言われたノービイは、怪訝（けげん）そうな顔をした。そして、父がビジネスパートナーだったことはないと言い出した。庇護はしてもらっているので、それに関する分け前は喜んで払うが、ビジネスの「パートナー」ではないという。

父の目が険しくなった。さりげなくサンドウィッチの皿を脇にどける。和やかなランチの時間は終わった。ここからはマフィアの交渉が始まる。

父はノービイに思い出させようと、パートナーとなったいきさつや、二人でどんな仕事を手がけてきたかを語って聞かせた。ヤツの腐った記憶がよみがえるなら、どんな些細なことにも答えただろうし、誓えと言われれば誓っただろう。

だが、「パートナーシップを結んだ覚えはないよ、ソニー」がノービイの返事だった。

「君のことは心から尊敬しているし、大切な友人だと思ってる。でも、仕事上のパートナーではないよ。そもそも、パートナーにお金を払えるほどの儲けもないしね。自分が食べていくだけで精いっぱいさ」

よくもまあ、こんな大嘘をついたものだ。こちらは彼が毎月いくら稼いでいるか、すべてお見通しだというのに。

父の形相が変わった。こんなことなら、人気のレストランなど選ぶのではなかった。今にも向かいに座っているノービイの胸ぐらをつかまんばかりだ。

父はかっとなりやすい性格で有名だ。機嫌を損ねるとろくなことがない。非公式ではあるが、ＦＢＩの調査によると、父の怒りを買って痛い目にあわされた輩は三〇人を超えるという。

「銃を口に突っ込んで脳みそを吹き飛ばせば、ちょっとは思い出せるんじゃないか」

父は本気だった。それを察したノービイは口を閉ざし、顔から血の気が引いた。

周囲の客も我々のテーブルの異変に気づきはじめた。これ以上ことを荒立てる前にこの場を収めねばならない。

私はノービイを救うための交渉を始めた。この世の終わりのような目をしたノービイを横目に「どこかで、不幸なすれ違いが起きてしまった」と私は言った。

「なっ。そうだろ、ノービイ？」

私の問いかけに、ノービイはただ黙ってうなずくのが精いっぱいだった。そして父に向かって、きちんと話をして確実に取り分が入るようにするから、後はすべて私に任せてほしいと頼んだ。

話題を変えるべきだと感じた私は、ノービイと一緒に企画している映画やコンサートの話を始めた。かなりの儲けが見込めるはずだとノービイに話をふると、うなずきながらようやく口を開いた。

それを聞いて、父の表情が少し明るくなった。ノービイの顔色も戻ってきた。父の怒りが収まりつつあるとわかって、ほっとしたのだろう。

私はノービイの庇護者になったつもりでいた。庇護者になったのなら、目の前の問題をとりあえず回避して庇護対象者の命を救い、落ち着いてから改めて細かい取り決めをするべきだと考えたのだ。**こういう話し合いの場では、遠回しな言い方は避けて、問題点をクリアにし、解決を図るのが一番だ。**

新しい企画から見込める利益の話をしたおかげで、暗い雰囲気が吹き飛んだ。それからは和やかに話が弾み、チーズケーキとコーヒーのデザートでお開きとなった。ノービイが一目散にレストランを飛び出したのは言うまでもない。

父が正当なパートナーだったかどうかは、この際関係なかった。問題はカネなのだ。その辺りのことを理解する頭がノービイにあれば、父の要望を受け入れただろうし、命を危険にさらすこともなかっただろう。

「相手から望む言葉を引き出せば交渉は成功だ」

私がビジネスについて学んだことの大半は、「シットダウン」の場で学んだと言っ

ても過言ではない。タイミングを見計らって自分の主張を展開し、その場にいる参加者を観察してこちらが望む言葉を引き出す——これがシットダウンの基本だ。

メイドマンは、何かにつけてシットダウンを開きたがる。

「あいつ、ボスに上納金を払ったのか？　一度呼び出さないとな」

「あのバカ野郎、絶対に許さねえ！　仲間と相談だ」

「今夜は誰を試合に連れて行く？　まあ座って話そうや」

「食事はどうする？　とりあえず座れよ」という具合だ。

彼らの会話を盗聴していたＦＢＩ捜査官は、思わず「立ったままじゃ決められないのか？」と漏らしたらしい。

マフィアの場合、取引をまとめるときの「交渉」も、「シットダウン」というかたちで行われる。

会場はたいてい、マフィア御用達のクラブの隠し部屋か、メイドマンの誰かの自宅の地下室。警察の目を避けるためだ。

信頼できる誰かにリキュールをたらしたブラックコーヒーの用意をさせるが、その者はコーヒーを出したらさりげなく部屋を出て行く。こちらが呼ぶまでは絶対に入ってこない。初対面の人間の紹介など形式的な挨拶を交わしたら、すぐさま本題に入る。

企業の立派な会議室とはほど遠いが、話の中身は企業の会議と大して変わらない。何百万ドルというカネが動く取引の交渉をしたり、企業や労働組合に対する敵対的買収を進めたり、裏切り行為をはたらいた者に審判を下したり……、何から何までシットダウンを開いて徹底的に話し合って決める。

携わるビジネスの幅が広がるほど、参加せねばならないシットダウンの数も増える。私もビジネスを拡大し続けていたため、同じファミリーのソルジャーやカポやドンと、または別のファミリーのメイドマンたちとテーブルを囲まない日はほとんどなかった。

「シットダウンの交渉術」を知らずして、成功はありえない。シットダウンでは、わずかなミスが命取りになる。思いどおりの結果を手に入れるには、ちょっとしたテクニックが必要なのだ。

「腐った鶏肉事件」で学んだ交渉の極意

私はコロンボファミリーに入る前から、自分で事業を興していた。父の保釈金を稼ぐためだ。夢中で働いて複数のビジネスで成功を収めたのだが、それがマフィアの目にとまらないわけがなかった。

ブルックリンのカフェやクラブで、私が儲けているとの噂が広まり、マフィアが接触してくるようになった。中には私の父ソニーからの紹介だという出所したばかりのメイドマンもいた。その一人がジミー・テスタだった。「青果ビジネスの天才」と呼ばれるこの男を、父は高く評価していた。

ジミーから青果マーケットを共同で経営しないかと持ちかけられた私は、二万五〇〇〇ドル（当時のレートで約七五〇万円。一九七〇年代ということをお忘れなく）を出資し、ロングアイランドのサフォーク郡にマーケットをオープンした。店の名前は、二人を引き合わせてくれた父に敬意を払う意味で「ソニーズ・ファーム・サークル」とした。

マーケットの中には肉屋もあった。手作りのイタリア風ソーセージやミートローフ、そして自慢の肉を、ガラス張りの冷蔵ケースに並べた。この肉屋では、地元の農家が放し飼いで育てた鶏肉など、最高品質の肉しか扱わなかった。少なくとも、そう私は信じていた。

ある晴れた日の昼下がりのこと。上品な身なりの女性が一〇〇キロもの鶏肉を注文していった。週末に年に一度の親族の集まりがあり、そこでバーベキューをするのだという。そうして鶏肉は無事に届けられ、代金も支払われた。

ところが週の明けた火曜日、その女性が怒りの形相でやってきた。彼女は車のトランクいっぱいに積んである鶏肉を見せながら、届いた肉からウジがわいて、バーベキューどころではなかったと言うのだ。……、最高品質の鶏肉にウジだって⁉

我々はすぐさまトランクから腐った鶏肉を取り出し、代金を全額返した。それだけではバーベキューを台無しにした償いにはならないと思い、新しい鶏肉を無償で用意すると申し出た。しかし、頑なに拒まれたため、鶏肉以外の商品で車のトランクをいっぱいにした。

ウジのわいた鶏肉を売る店だと噂を立てられたら、このマーケットはおしまいだ。我々は彼女の機嫌を直そうと必死だった。その甲斐あって、女性はまた客として利用すると約束して店を後にしてくれた。


残る問題は、ウジのわいた鶏肉の供給元だけだ。私は目にもの見せてくれようと意気込んでいた。

その鶏肉は特別に注文し、配達当日にマーケットに届けられた。だから、こちらの保存状態が悪くてウジがわいたとは考えられない。

普通、このようなことが起きた場合、鶏肉の代金を弁償し、お詫びのしるしに数十キロの鶏肉を無償で提供するものだ。

ところが今回の供給元は、ただの業者ではなかった。バックにガンビーノファミリーのドン〝ビッグポール〟ことポール・カステラーノがついていた。

カステラーノの息のかかった業者に対抗する者などいない。カステラーノは、独占禁止法などものともせずニューヨーク五大ファミリーの鶏肉ビジネスを独占していた。

ポール・カステラーノの弟のピーター・カステラーノが鶏肉の卸売りを取り仕切っていた。私はピーターに抗議の電話をかけた。腐った鶏肉の弁償を申し出てくれることを期待したのだが、即座にマキャベリ的な言葉が返ってきた。

「鶏肉だろうがウジだろうが、届いたものを食ってろ」

彼はあくまでも、商品を出荷したときは何の問題もなかったのだから、代金は全額払ってもらうという態度だった。残念ながら、こちらが望んだ回答は得られなかった。

私は努めて冷静に、代金は払えないと答えた。さらに、腐った鶏肉はよそに売ってくれと、取引をやめる旨も伝えた。

そこから会話がヒートアップした。いや、極めて醜い言い争いになったと言ったほうが正しい。最後には互いに捨て台詞をはき、受話器を叩きつけて通話が終わった。

カステラーノの身内とケンカをしてしまった私は、コロンボファミリーに報告しておいたほうがいいと考え、ブルックリンに車を走らせた。

キャロル・ストリートにある〈モンテズ・レストラン〉。ここがファミリーの知られざる本拠地である。夕方レストランに到着すると、直属のボスのルッソだけでなくファミリーのドン、トム・ディベーラも待っていた。

「鶏肉事件」について、すでにカステラーノから連絡があったらしい。みなの表情から察するに、彼はかなり不機嫌だったようだ。

私はファミリーの幹部二人からたっぷり絞られた。何しろ、ビッグポールの親族に無礼を働いたのだ。その怒りようは尋常ではなかった。

たかが数百ドルの鶏肉のことで騒ぎすぎではないか、と思うかもしれないが、その鶏肉を扱ったのがマフィアである以上、マフィアのビジネスに変わりはない。もはや、カネではなく敬意の問題だった。

マフィアに敬意を払わなかったらどうなるか、一つ例をあげよう。

以前、カステラーノの娘のボーイフレンドが始末された。理由は、カステラーノの外見をバカにするような発言をしたからだ。

なんでも、鶏肉加工で有名なフランク・パードゥを持ち出して、カステラーノを「パードゥが宣伝で手に持ってる丸鶏に似ている」と言ったらしい。うまいことを言う。実に的を射た表現だ。

しかし、彼は殺された。私は、そういうことをするマフィアのドンがかわいがっている身内に無礼を働いたと思われている。それはつまり、ドンのカステラーノに無礼を働いたということだ。

当時の私は、正式なファミリーの一員にもなっていない、いわば見習いメイドマンである。もうおわかりだろうか。私は非常に厄介な状況に置かれてしまったのだ。

二人のカポの説教をひたすら黙って聞き続けること三〇分。ようやく私の口から事情を説明する機会が与えられた。一つの出来事が、語り手によって驚くほど違う話になることがある。メイドマンの話は、往々にしてそういう傾向が強い。

私が話し終えても、二人は固い表情を崩さなかった。ずいぶん長い沈黙が続いたように感じたが、実際はほんの数秒だっただろう。そして、示し合わせたかのように二人が同時に笑いだした。それも、腹を抱えた大笑いだ！　ウジにまみれた鶏肉が原因と知って、あまりにバカバカしくて笑いをこらえられなかったのだ。

それに、ビッグポールに腐った鶏肉を買わされたのは私が初めてではなかった。マフィアの世界では、彼が扱う鶏肉は質が悪いことで有名だったらしい。幸いにも、二人はビッグポールに対する皮肉をこめて、鶏肉をネタに冗談を飛ばし始めた。

別のファミリーのドンの話をネタにして、ちょっとしたお祭り騒ぎになった。どうやら私は、最悪の事態をまぬがれたようだった。

コロンボファミリーは私を守ってくれるだろう。カステラーノとのシットダウンには出席しなければならないが、少なくともそれまでは、私に危害が加えられることはない。

こうして私は、初めてのシットダウンを体験することになった。シットダウンへの出席にあたり、カポから次のことを心構えとして教わった。

《交渉を成功させるための心構え》

- 交渉相手に対し、つねに敬意を払え。
- 自分のボスから促されない限り、決して発言するな。
- 自分のボスからの質問には明確な返答をせよ。
- 交渉相手からの質問には返答するな。
- 交渉相手がまったくのでたらめを言っても、嘘つき呼ばわりしてはだめだ。
- バカにされても反応を見せるな。
- 交渉相手に無礼を働いたと認めれば命取りになる。絶対に自分の非を認めるな。
- どういう決着を迎えようとも、決まったことは無条件で受け入れろ。

そして、自分はしがない見習いメイドマンだという自覚を忘れないようにと念を押された。

私が非常にまずい立場にあることに変わりはない。コロンボファミリーがバックアップを約束してくれているとはいえ、シットダウンの場で無礼を働いたり、ピーターに不遜な態度を取ったことを認めるなどの失態を犯せば、ガンビーノファミリーが優位に立ち、彼らの決定に服従せざるをえなくなるだろう。

いよいよシットダウンの日が訪れた。

会が始まるやいなや、私に対するカステラーノの口撃が始まった。彼のメイドマンに不遜な態度を取ったということは、彼自身に不遜な態度を取ったも同然である、そう言って私を責めた。

するとピーターが、私との電話のやりとりの内容を話し始めた。ただ、まったく身に覚えのないことも言われた。私は、口を出したくなるのを我慢するために「電話が混線したに違いない」と自分に言い聞かせた。

無礼を働いたことを私に認めさせようと、その後も両者の口撃は続いた。事実でないことも言われたが、私は事前に指示されたようにひたすら黙って聞いた。

その後、私のボス、ディベーラとルッソが私の言い分をうまく相手に伝えてくれたおかげで、ポールとピーターは渋々ながらも私に分がある決定に同意した。

結局、腐っていた鶏肉の代金はピーターが負担し、これまでどおり私のマーケットの鶏肉はピーターから調達する(もちろん、腐っていない鶏肉を、だ)ということで落ち着いた。

とはいえ、油断はできない。いくら同意を得たとはいえ、カステラーノとピーターにとっては決して心から満足できる結果でなかったのは確かだ。

この先、私のマーケットが彼らの上客リストから外されるのは必至だろう。メイドマンは、自分の思いどおりにならなかった出来事はいつまでも覚えているものなのだ。

「交渉に大切なのは準備、そして経験だ」

かなりの数のシットダウンに出席してきて、一つわかったことがある。シットダウンは言わば「マフィア流の会議」だが、問題を解決したり、何かを決定したりするには、企業の会議よりもマフィアのやり方のほうがはるかに効率がいい。

重要な会議だからと言われて出席したものの、何のために招集されたのかもわからないまま二時間が過ぎてしまったという経験は誰にでもあるだろう。

シットダウンでは決してそんなことにはならない。よほど鈍い人間でもない限り、何のために招集されているのか必ず理解してその場に臨む。何しろ議題は、「殺るか、殺らないか」といった具合に明快なのだ。**事前に準備をして臨まなかった者は、必ず痛い目を見る。無駄な会話はほとんどしない。その一回で必ず結論を出す。**

このような会議の進め方は、業種を問わず誰もが見習うべきだ。物理的な暴力や心理的な圧力をかけることは別にしても、企業が慣習的に行っている会議の代わりにシットダウンを取り入れれば、はるかに効率が上がる。

メイドマンとして数々のシットダウンに出席したおかげで、効率よく交渉するスキルが身についた。また、シットダウンというかたちで組織犯罪を陰で操る大物たちと話をする中で、仕事にも人生にも役立つ貴重な教えも学んだ。

「知恵に勝るものはないのだから、多くの知恵を学ぶがよい。たとえ自分が持つすべてを差し出してでも、知力を得よ」

ソロモン

シットダウンでうまく立ち回る術は、不動産業者や映画制作会社の幹部、労働組合の代表、石油王、銀行家、司法省の代理人との会議や打ち合わせでも役に立った。交渉力を身につけるなら、シットダウンの場数を踏んでテクニックを磨くのが一番だ。私はどんな打ち合わせや交渉も、つねにシットダウンだと思って臨んだ。そのおかげで、ほぼすべてのケースで自分の言い分を通すことに成功し、何百万ドルという大金を手にすることができた。

シットダウンへの出席をMBAの学位取得の必須条件にするべきだと思うが、残念ながら〝血の誓い〟を交わしていない人間は参加できない。

そこで私から、シットダウンの極意をお教えしよう。次の五つの極意を身につければ、交渉の場で思いどおりの返答を得られるようになるだろう。

「知恵を軽んじてはならない。知恵はあなたを守るものである。
知恵を大事にしていれば、必ず助けとなってくれる」

ソロモン

マフィア流交渉の極意を教えよう

極意1　銃に弾をこめておけ

準備不足のメイドマンがシットダウンに臨めば、交渉力に長けたベテランのメイドマンに文字どおり食いものにされる。立ち回り方を知らなければ身ぐるみはがされるのがオチだ。

相手の術中にはまれば、当然ながら交渉の主導権は相手に移る。そして、少なくともその場の交渉では二度と有利な立場に立てなくなる。一度下された決定は絶対だ。無視すれば、確実に死が待っている。

会議や商談の準備は習慣として身につけられるものだ。次のことを事前に行うクセをつけるとよい。

《交渉前の準備で主導権を奪え》

- 自分の身を守る資料を準備しておけ。
- 交渉相手の性格を調べておけ。状況に応じて的確に対処できるようになる。
- 相手の会社について、下調べをしておけ。私なら、役員リスト、前年の収益、過去半年の株価の推移、株価に影響を与えた要因は必ずチェックする。

ビジネスマンなら、どれも一度くらいは耳にしたことがあるだろう。

メイドマンが事前に準備をするのは、自分のカネと立場を守りたいからだ。さらに、その動機の背後には、誰もが共感できるもっと基本的な欲求が潜む。自分の目的を達成したいという欲求だ。

極意2　口ではなく頭を先に使え

マフィアの世界で長く生き残っているメイドマンは、最小限の言葉で最大限の効果を得ることができる男たちだ。**なぜ長生きできるのか？　口を閉ざすべきときを知っているからだ。**

交渉の場では、まず相手にしゃべらせたほうが有利になる。たとえ自分が会話の口火を切らねばならないとしても、手短かに要点だけを述べるにとどめるべきだ。**相手の好きにしゃべらせておけば、いずれつけ込む隙が生まれる。**私はそれを利用して数々の商談で勝ってきた。

とくに、あまりよく知らない人物が相手のときは、相手に自由にしゃべらせるのが得策である。聞いているうちに、自分の話をどう組み立てるべきかが見えてくる。たとえば、どういうふうに自分の希望を伝えるべきか、言わないほうがいいことは何か、などだ。

話を聞くことでわかることはたくさんある。相手が話好きならなおさらだ。話をふっておきながら、答える間も与えず自ら話を完結させるタイプの人を見たことがあるだろう。「口数の多さで愚かさが知れる」とソロモンは言っているが、口数の多い人は立場も低く見られる。

ソロモンは王として、さまざまな人とさまざまな交渉をした。他国の高官、貿易特使、大使、軍の司令官、地方の役人、官僚……。こうした経験から、先の言葉を残したのだろう。実際、余計なことをしゃべるタイプで大きな成功を収めた人を見たことがない。自慢話ばかりするような人は、口が災いして成功するチャンスを逃しているのだが、当人はそれに気づかないらしい。

次回の商談からは、必要なことだけを話すよう心がけるとよい。今の社会では誰もが時間に追われ、無駄話につきあう余裕がないので、余計な話はしないに限る。「沈黙は金」という格言もあるが、交渉の席では「沈黙は利口」なのだ。

極意3　自分のエゴを捨てよ。相手のエゴを利用せよ

相手に甘く見られることを利用しない手はない。

年上のマフィアは、若年に教える立場にあると思っている。若くしてシットダウンに出席するようになった私は、自分の知っていることでもわざわざ質問した。彼らのほうが私よりも賢いと思わせるためだ。

面と向かって教えを乞う姿勢を見せると「こいつは自分よりも格下だ」と思って気を許す。そうして相手を油断させておいて交渉を始め、隙をついて斬りかかるのだ。

これはとても優れたテクニックで、エゴの強い相手にはとくに効果的である。

たとえばガンビーノファミリーのドンだったジョン・ゴッティ。彼はエゴを抑えるということを知らない。コロンボファミリーのカポ、チャールズ・パナレーラや、ジェノヴェーゼファミリーのカポ、コリー・ディ・ピエトロもしかり。彼らとのシットダウンは、つねに部屋中にエゴが満ちていた。三人とも、その部屋で、いや、マフィアの世界で一番賢いのは自分だと思っているのがありありとわかった。

それはそれで構わなかった。こちらの要求が通りさえすれば、彼らが勝手に「自分はマキャベリの生まれ変わりだ」と思い込んでいようが関係のないことだ。

大言を吐く人やエゴの強い人はすぐにわかる。そういうタイプの人が商談相手のときは、彼らのエゴを利用するとよい。私も商談の場でよく利用してきた。最初は生徒のように振る舞い、最後は先生となって話をまとめる――、これで勝利はあなたのものだ。

極意4　弱気になっているときほど、弱気を見せるな

「この商談は負ける」と感じることがある。しょせんは人間。つねに自分が一番になることはできない。

とはいえ、負けを相手に悟られるような態度を取ってはだめだ。実際に負けることと負けた顔をすることは別のことだ。

相手が一枚上手なとき、どういう態度を取ればいいのか？　口数を減らせばよい。

そうすれば賢そうに見える。

「たとえ無知でも、何も語らなければ賢者に見える。
黙っていれば聡明な人だと思ってもらえる」

ソロモン

何も言わなければ賢そうに見えるというわけだ。そのうえ気の利いたことを二、三言えば、本来の自分よりも聡明な人物だと思われる。負けると悟ったときにこの手を使えば、多少なりとも利益を上げられる。たとえ半分でも、何もないよりマシだ。

極意5　感情を持ち込むな。つねに相手に敬意を払え

メイドマンは無礼な態度を絶対に許さない。だからシットダウンでは、たとえどれほど深刻な問題を話し合っていても、決して相手を侮辱しない。声を荒らげることすらほとんどない。このルールがあるおかげで、ビジネスはあくまでもビジネスとして扱われ、個人的な対立に発展しないですむ。

このルールを破れば、破った側は大変なことになる。**互いに敬意を払うのは当然であり、個人的な感情を議論に持ち込むことは許されない。**シットダウンでは、議題についてだけ話し合い、結論を出す。

ところが企業の会議や商談では、感情的な言い争いになって結論が出ずに終わることがままある。論争が激しくなればなるほど、結論から遠ざかる。

次からは、会を開いた目的をしっかりと胸に刻んで臨むようにするとよい。個人的な感情を、会議や商談の場に持ち込んではならない。

会議や商談を「シットダウン」にしろ

効率よくスピーディに結論を出したいなら、シットダウンを心からお勧めする。

ところで、章の冒頭で紹介したノービイのその後だが、私と二人で最終的な話し合いを持ったときに、二度とこのようなことを起こさないようにと忠告した。

「ファミリーには誠実に対処しろ。次はもう助けない」

ノービイは、私が圧力をかけなくてもファミリーが納得するだけの上納金をきちんと支払うことを約束した。これで、ファミリーはカネを受け取り、ノービイは安全に生き長らえる。いろいろあったが、最後には私の望みどおりの結末を迎えた。

07

失敗はいつか
成功するためのものだ

マフィアは取引を持ちかけるのがうまいと思われている。それには交渉力がものを言うが、もう一つ重要なのは、よい取引を見分けることができるかどうかだ。

ひと言で取引といっても、実は以下の三種類がある。

●自分にメリットがある取引
●自分が損をする取引
●話にならない取引

私は数々の取引をこなすうちに〝自分にメリットがある取引〟を見分ける直感が鍛えられた。しかし、どれだけ直感が鋭くても、不利な取引すべてを避けることは難しい。不利な取引をした経験がないというなら、それは単なる経験不足だ。**失敗を経験することなしに、直感を鍛えることはできない。**

誰でも失敗する。私の失敗の話をしよう

一九八〇年代当時、フリーマーケットは当たれば大儲けできる事業だった。マーケットを主催すれば、出品、売買、広告、金貸しを通じて手数料を得られたからだ。

ところが、私に相談にきたフリーマーケットを主催した会計士はそうではなかった。会計士が受け取るべき収入がどこかに流れていたからだ。

調べたところ、パートナーの男が盗んでいて、おまけに隠れてマーケットでドラッグを売買しているらしい。

マフィアは交渉に長けているが、会計士は計算に長けている。会計士は、パートナーの悪行を警察に訴えればマーケットを閉鎖させられると計算して、私に相談にきたのだろう。マフィアがいる都市の経営者には、そういう選択肢がある。

会計士の提案はこうだった。

「ドラッグの売人をパートナーの立場から追い払い、代わりにパートナーになってほ

しい」

私は彼と彼の主催するフリーマーケットについて調査し、その申し出を受け入れた。そして当然ながら、私は売人に〝マフィア流のお願い〟をして手を引かせた。


それから二週間が過ぎた頃、私の元にジョン・ゴッティから電話がかかってきた。なんと、私が手を引かせた売人は、ゴッティが目をかけているメイドマンだというのだ。私が話をしたとき、その男とゴッティは何の関係もなかったはずだ。

「あの男はうちのファミリーの人間だよ、マイケル。一度座って話そうじゃないか」

ゴッティの言いたいことはわかっていた。その男はファミリーの関係者だから、フリーマーケットの運営権は自分にあると主張するつもりなのだ。フリーマーケットが〝カネの成る木〟だと知って、権利を自分のものにしようと考えているに違いない。

ゴッティとのシットダウン（座って話す）は知恵の勝負となった。ゴッティは涼しい顔で、その売人のことは生まれたときから知っていると答えた。

だが、いくら知り合いでも、ドラッグの売買をしていた男をかばうことはできない。マフィアはドラッグを使うことも、売ることも、取引することも許されない。これはニューヨーク五大ファミリーの間で長らく守られてきたルールである。破ればただではすまない。

しかし、ゴッティは「ルールを破る？　何のことだ」ととぼけた。単に〝若気の至り〟でドラッグに手を出しただけで、今後は誤解されるような行動は慎ませる、と言うのだ。

私はゴッティの性格をよく知っていた。メイドマンはたいがいエゴが強いが、彼のエゴの強さは飛び抜けていた。彼にとって、シットダウンで主張を譲ることは「負け」を意味する。そして結局、私が負けた。ゴッティが主張を貫いたのだ。

この勝負に負けたことは大きかった。売人が改めてパートナーに加わり三人で運営することになったのだが、私の仲間は彼と反りが合わなかった。

ゴッティの言葉とは裏腹に、パートナーに戻った売人のドラッグ売買歴は相当なものだった。マーケットに出店する業者や個人も、彼を嫌った。マーケットにとって迷惑以外のなにものでもなかった。

個人的にはゴッティのことが好きだしメイドマンとして尊敬もしていたが、一緒にビジネスをしたくはなかった。互いのファミリーのドンに話し合ってもらおうかとも考えたが、おそらくは、双方が妥協するかたちで決着することになるだろう。そんなことのためにシットダウンを開いても意味がない。

このままパートナーを続けていくことには無理があった。私は会計士と協議したうえで、マーケットを続けていくには誰かが二人分の権利を買い取ったほうがいいと、ゴッティに話を持ちかけた。私はゴッティに断られることを承知で敢えて低い買い取り額を提示し、逆にゴッティに私と会計士の権利を買い取らせた。

マキャベリがこの取引を見たら、私の完全な負けだと評しただろう。自分の権利を主張しきれず、相手に権利を渡してしまったのだから。

マキャベリの教えは、つねに権力を手中に収めて支配力を維持し、人々の尊敬を集めることを目指すというものだ。その目的から少しでも外れれば「失敗」とみなされる。だが、そういうことは必ずある。**人は失敗する生き物なのだ。**

しかし、その後ゴッティも身をもって失敗を味わうことになった。彼は数十万ドル払って権利を買い取りフリーマーケットを独占した。ところが三カ月後、マーケットには人が集まらなくなった。そしてマーケットそのものが消滅してしまったのだ。

運は私に味方してくれたようだ。

「失敗は仕方ない。問題は再び挑戦できるかどうかだ」

私はそれほど運がいいほうではない。人生を振り返ってみると、成功よりも失敗のほうがはるかに多い。仕事、人間関係、スポーツ、カネ……。実にさまざまな失敗をした。

しかも、その多くが他人の目にも明らかな失敗で、屈辱的な思いを味わうことすらあった。告発、懲役判決、会社の倒産、銀行の残高が減るような大損……、こうした失敗は、すぐに世間に知れ渡る。

失敗は誰もが犯す。失敗するのは当たり前のことであり、何も珍しくはない。

インターネットが普及した今、アイデアと数百ドルとウェブサイトがあれば、誰でもネットビジネスを興すことができるが、起業するのはそれほどラクなものではない。立ち上げから二年以内にうまくいかなくなる企業は非常に多い。**誰もが知っている大企業を興した人物であっても、必ず最初は失敗している。**

マクドナルドの創設者レイ・クロックは、その前に不動産事業で失敗した。

ヘンリー・フォードは、今のフォードの前に自動車会社を二社倒産させた。

R・H・メーシーも、ニューヨークでメーシーズ・デパートをオープンさせる前に七店経営したが、いずれも失敗に終わった。

盛田昭夫と井深大は炊飯器を開発したが、米が焦げてしまうこともあって一〇〇台しか売れなかった。その後、日本初のテープレコーダーを制作・販売してようやく、ソニーの土台が生まれた。

ヒューレット・パッカードのビル・ヒューレットとデイヴィッド・パッカードも、レタス収穫機や体重減少装置などを製作して失敗した。

あのウォルト・ディズニーですら、「アイデアが稚拙」という理由で新聞記者をクビになっている。


このように、大きな成功を収めたビジネスマンの「失敗例」はいくらでもある。ただ、**成功する人は必ず、失敗でつまずいても自ら立ち上がって再び挑戦する。**何度つまずいたとしても、めげずに立ち上がるから成功するのだ。

「失敗から学べるヤツだけが成功できる」

とはいえ、失敗をたくさんすれば成功できるというものではない。

やみくもにつらい体験を求めても意味がない。大切なのは何を学ぶかである。失敗を通じて何を学び、どう対処するかで、その後のことが決まってくる。

《自分に質問して失敗から学べ》

- 計画のどこに欠陥があったのか？
- 同じミスを繰り返さないためにはどうするべきか？
- 計画の実行の仕方やタイミングに悪い点はなかったか？
- チームの弱点はどこか？　どうすれば克服できるか？
- 気づいていなかった欠点はないか？
- あきらめずに前に進むためには、自分の内面をどう変えるべきか？

こうしたことを失敗から学ぶことが重要なのだ。これまで私は失敗から多くのことを学んできた。これから先もずっと、失敗から学ぶことが出てくるだろう。

一九九五年に仮釈放されたとき、私の貯えは底をついていた。数々の訴訟の費用が何百万ドルとかかったうえ、収監と仮釈放を繰り返した一〇年間の家族の生活費がすべて消えてしまったのだ。

私は家族の暮らすカリフォルニアで新しいビジネスを立ち上げて、生活の基盤を築こうと試みた。私もかつては『ライフ』誌で〝マフィア界の若き天才〟と評されたほどの成功を収めた男だ。事業を立ち上げれば、すぐさま大金が入ってくるだろうと思っていた。

ところが、ビジネスはことごとく失敗した。いくらニューヨークの暗黒街で活躍したとはいえ、仮釈放中の元メイドマンが、事業を興しても成功しない。そう思い知らされた。出所して数年がたっても、過去が重い足かせとなり、何をやってもうまくいかなかった。

マフィアとの関係を何年も前に絶っていようと、その世界で一度注目を浴びた人間は、まっとうなビジネスを始めてもそう簡単にうまくはいかない。講演、コンサルティング、執筆という新たな生き方を見つけるのに七年近くかかった。

その間に二つの事業を興して失敗したが、そのおかげで自分のプランを見つめ直し、自分がやっていけそうな道を見つけることができたのだ。

私は失敗をふまえて、新たに計画を立てたら「他の選択肢に目移りしない」と決めた。**どんなに魅力的な提案があっても、最初に立てた計画だけを考えて行動する。実際、それでうまくいった。**心が揺らいだり金銭的に苦しいときもあったが、その前の失敗があったおかげで、今のキャリアが築けたのだ。

もちろん、すべての失敗が必ず成功につながるとは限らない。単に運がなくて失敗するときだってある。ゴッティもフリーマーケットが消滅するなど予想だにしなかっただろうし、私も、売人がその権利を取り戻そうと画策するなど思いもしなかった。失敗と運については、モンテーニュもこう言っている。彼はフランス人だが、ここは大目に見てもらいたい。

世の中には、我々人間が予測すらできないことがある。

想定できなかったことが起こったときは、自分が悪いとは思わず、それが自分の限界だったと思えばよい。
思ったとおりの結果が得られないのはつらい。
しかし、結果を得られる道を自ら拒んだのなら、あきらめるしかない。
それは、やり方の問題ではなく、運がなかったのだ。

モンテーニュ

運の問題だと思えば、それほど落ち込まずにすむ。いずれうまくいくと心から信じられるなら、その考えに従って行動すればよい。

ただし、**うまくいくと無理に思い込もうとしてはいけない。そうしたくなるのは、自分が知りたくない欠点に本心では気づいているときだ。**

「一度目でうまくいかなければ、すぐにやめることだ。むきになってはいけない」とはコメディアンのW・C・フィールズの言葉だが、これはすぐにあきらめろという意味ではなく、うまくできないことに時間と労力を無駄にするなという意味である。

誰もが「なりたい自分になれる」わけではない

マフィアの世界に憧れてファミリーの一員になれるなら殺人も厭わない、という男は数知れない。

そういう連中がマフィアの一員になることは、善良な市民のためでもある。ファミリーに入れば、むやみに市民に手を出すことは許されないからだ。

そして、メイドマンとしての資質が不十分だと判断された者は始末される。マフィアの世界に「解雇」はない。

近頃では、若者に対して「自分を信じれば何でもできる」と説く風潮がある。しかし、これは大嘘だ。私は中学や高校で講演することも多いが、どこの学校を訪れても「誰もがなりたい自分になれる」といったような標語を見かける。私は心底うんざりする。それは事実ではないからだ。

本当になりたい自分になれるのなら、私はヤンキースで活躍していたはずだ。だが、メジャーリーガーになれるほど野球がうまくなかった。

若いときに間違った期待や非現実的な目標を抱くと、実現できないとわかったときに激しいショックを受ける。だから子どもたちには、自分の能力を探り、得意分野を伸ばして天職を見つけるよう導くべきだ。

「人間には、軽率に行動し、後になってから考える傾向がある」

ソロモン

私がリトルリーグのチームの監督をしていたときも、子どもの能力も考えずにポジションを要求してくる親がいた。

そういう親は、自分の子のエラーのせいで試合に負け、チームメイトから責められて傷つく姿は想像しない。

人にはそれぞれ適したポジションというものがある。それはビジネスの世界でも言えることだ。誰もが経営に向いているわけではない。人の上に立つよりも、誰かの下につくほうが能力を発揮できる人もいる。

技術の高い人が経営に手を出して業績が悪化するケースは多い。経営には独特のスキル、とりわけ会社を成功に導く舵取りができる能力が必要になるからだ。その能力は、誰もが身につけているわけでも、誰でも習得できるというものでもない。

もちろん、そういう能力がなくても問題はない。苦手なことは別の誰かに任せ、得意なことに専念すればいいだけのことだ。

失敗はつらい。しかし、**失敗というかたちでしか学べない、自分の強みや弱みというものがある。**私が自分の得意なことや苦手なことを知ったのも、失敗を通じてだった。自分の得意なことだけに専念し、残りは他人に任せたほうがいいということも、失敗から学んだ。自分の強みと弱みを認識し、それをそのまま受け入れたことが、成功の大きな要因の一つだったように思う。

たとえば、私はあまり細かいことを気にするタイプではない。会社の日々の業務をすべて把握しようとは考えない。やろうと思ってもうまくできないし、その手の仕事はやりたくないというのが正直な気持ちである。

その一方で、誰かがやらねばならない仕事とやる必要のない仕事の区別をつけることや、他人の能力を把握してふさわしい仕事を割り振るのは得意だ。

それに気づいてからは、自分の苦手な作業はそれを得意とする人に割り振り、自分は自分が得意とする仕事だけに専念するようにした。すると、さまざまな状況にうまく対処できるようになった。

こういう仕事の仕方ができるようになったのも、たくさんの失敗を繰り返して、自分の強みと弱みがわかったからだ。

借金相手から逃げてはいけない

それは本当にひどかった。

二〇〇八年二月、強制捜査が実施され、ガンビーノファミリーのメイドマンおよび関係者六一名に対し、FBIが「合衆国憲法修正第五条」を読み上げた。

詐欺罪でこれほどの人数が一度に起訴されたのは、過去にもほとんど例がない。不意をつかれたメイドマンはパジャマ姿のまま逮捕された。

ガンビーノファミリーのカポ、リトル・ニッキーことニコラス・コロッツォは捕まらなかった。強制捜査の情報をつかんでいたのだ。彼はパジャマを着ることなく、当局が手錠をかけにやってくる前にまんまと逃げた。

しかしその数カ月後、リトル・ニッキーは自首した。公開捜査番組を通じてFBIから取引を提示されたことがきっかけで、彼は自分の置かれている立場を見つめ直し、オレンジの囚人服を着るほうを選んだのだ。

事業が傾いたときは、その現実を潔く受け止めねばならない。どんな事業にも、必ず苦難のときが訪れる。資金繰りが厳しいと知られれば、あるだけ回収しようと債権者やサプライヤーが玄関先にやってくる。

そんなとき、どうするのが得策か。不安や心配は脇に置いて玄関を開けるのだ。債権者から逃げてはいけない。懐以上に心が痛み、嫌な思いもするだろう。だがそれでも、**借金をした相手からは、逃げずにきちんと話をせねばならない。それが結局は自分のためになる。**

話をすれば信頼関係が生まれる。たいていの債権者は、分割払いを認めてくれるものだ。彼らだって、債務者が破産すれば、回収できなくなるのだから。協力的な態度を示せば、借金から逃げるつもりはないとわかってもらえる。

自らの責任を引き受ければ、事業を生き長らえさせるために懸命に努力できる。捕まれば確実に終身刑だとわかっている老齢のマフィアなら逃げてもいいが、ビジネスを続けたいと考えているのなら、何があっても逃げてはならない。

古代ギリシャの逸話に、敵地に軍隊を率いて上陸してすぐに、乗ってきた船をすべて燃やしてしまった将軍の話がある。なぜ燃やしたかというと、撤退も失敗もできないのだと全員に認識させるためだ。

債権者に向き合うのもこれと同じで、借金を返すために全力を尽くすという意思表示になる。そうすると、債権者は味方になってくれるものだ。

人生において最も厄介な問題は死と病。それに次ぐのが経済的なトラブルだ。たとえ経済的に苦境に陥っても、真面目に働いてきたのであれば恥じることはない。プライドが邪魔をして、金銭的な問題を直視できない人は多い。だが、目をそらしたところで問題は消えてくれない。面と向かって対処する以外に道はないのだ。

もちろん、利用できる法的保護は、抜け目なくすべて活用すること。何もせずに放っておくなど論外だ。自分が抱える問題から逃げてはいけない。

「問題が起きたときにひるむのは、弱さの表れである」

何度失敗しても健康ならまた挑戦できる

ソロモン

ソロモン王は、当時の王の中でもとりわけ財をなした王として知られる。国民から毎年二万キロ以上の黄金が納められたほか、他国との交易でも膨大な量の金を獲得した。その量の多さから、ソロモン王は皿やカップもすべて純金で作らせていた。

これほどの富を所有していたのだから、「すべてを失うことになったらどうしよう？」「富を失うような事態は起こらないだろうか？」「富を失うような失敗をしでかさないだろうか？」と悩むこともあっただろう。

しかし、ソロモンの言葉を読めば、ソロモンはお金や物を失うことよりも、道徳を破ることや精神的な喪失感を味わうことのほうを懸念していたことがわかる。失敗で大損をして落ち込むことがあったら、このことをぜひとも思い出してもらいたい。**どんな問題を抱えていても、心身の健康をつねに保つこと。**そうすれば、お金や物を失うことになっても、自分を見失わずにすむ。自分という土台があれば、復活することも、さらに前に進むことだってできる。

幸いなことにビジネスの世界は、失敗に関してマフィアの世界ほどシビアではない。マフィアには、仕事上のミスや言い訳はほぼ許されない。小さなミスを犯せば、兄貴分から厳しく叱責される。数回繰り返せば仕事を「干され」、ファミリーにとって重要でない雑務しか任されなくなる。重大な失敗をやらかせば、出口のない部屋に招き入れられる。

私はメイドマンとしての生活を通じて、言い訳だと受け止められない説明の仕方や、失敗をすぐに取り戻す方法、同じ過ちを繰り返さない術を学んだ。

私が学んだ方法は決して一般的とは言えないが、これだけは言える。**「失敗は成功への可能性を高めるためのもの」と思うことが大切だ。**そう思わなければ意味がない。

失敗は、落ち込むためのものでもない。踏みとどまろうとするためのものである。

フランク・シナトラも、「ザッツ・ライフ」でこう歌っている。

顔からぶざまに転ぶたびに
僕は立ち上がってレースに復活する。

フランク・シナトラ

08

法律を守れ、
税金はきちんと払え、
仕事は誠実にしろ

失敗したい人間などいない。だから企業の幹部や経営者には、この点でマキャベリにならっている人間が多い。彼らは、不正をしてでも負けたくない、逮捕されなければ何をしてもいい――、そう思っているようだ。

「君主の行動に対しては、軽々しく疑問を挟んではならない。君主の行動は、結果で判断されるべきである」

マキャベリ

「結果で判断される」とは、言い換えれば「結果が手段を正当化する」ということだ。このひと言に、マキャベリの教えが凝縮されている。

しかし、目的の達成を促すためであれば、どんな行為も認められるというのは間違いだ。ビジネスの世界でこのように考えるのは危険である。

「結果がよければすべてよし」――このルールに従って行動すれば、いつか必ず負けることになる。世間が黙っていないからだ。世間の非難の声ほど成功を遠ざけるものはない。消費者の信頼を失うのも痛手だ。手段を選ばず目的を達成しようとすると、必ずこうした弊害が起こる。

真面目に仕事をして経営が傾いた会社と違い、詐欺まがいのことをして経営が傾いた企業には、厳しい、いや残酷な現実が待ち受ける。

企業犯罪とは割に合わないものだ

企業犯罪は「ホワイトカラー犯罪」とも呼ばれる。私は企業経営者でもあったため、この罪でも起訴されたが、基本的には、専門職の人や会社員、公務員の手による犯罪を指す。

マフィアとは無関係の一般人が軽率な行動を取ったり、誤った決断を下す理由はさまざまだ。経済的な問題を解消するために不正に手を染める人もいれば、私がガソリンビジネスで行ったように、単に儲けたいがために法を犯す人もいる。

いずれにせよ、間違った行為であることに変わりはない。短期的には利益が得られるだろうが、不正が発覚すれば、仕組んだ本人と会社の両方が損害を受ける。そのダメージのほうがはるかに大きい。

不正に手を染める人は、自分は捕まらないと思っている。全国紙の見出しを賑わせた、エンロン、ワールドコム、アデルフィア、グローバル・クロッシングの幹部も、「自分は見えない力で守られている」と思っていたから不正を働いた。

勘違いしてはいけない。ジョージ・オーウェルが描いた監視社会はフィクションではない。信頼していた部下、携帯電話、インターネット、プロバイダ会社、ライバル、不満を抱く顧客……。**犯罪に手を染めれば、必ずどこからか国家権力の耳に入る。**それは疑いようのない事実なのだ。

違法行為は必ず誰かが見ている

一九八五年にガソリン税の脱税にまつわる複数の罪状で告発されたとき、フロリダ裁判所からも恐喝の罪を問われ、私はその罪を認めた。その後、私の身柄はマイアミからニューヨークに移送されることになった。

飛行機には少なくとも一〇名のGメンが同乗した。彼らはみな上機嫌だった。私が罪状を認めたことで、長らく続いた捜査もようやく終結を迎えるからだろう。彼らにとっては終結でも、私には服役が待ち受けていたのだが。

機内の後部に座って世間話をしていると、FBIの捜査官が、起訴が成立した今、彼らの立証が正しかったかどうか教えてほしいと言い出した。私が彼らの訴状に一切の反論をしなかったから気になったのだろう。

それを聞いていたほかの機関の捜査員も同調し、事件として立証した出来事が本当に正しかったか確認すべく、あれこれ質問を始めた。

私はいたずらっぽくこう言った。

「あんたたちの捜査は間違いだらけだよ」

事実、彼らは見当外れな方向に捜査の時間を費やしていた。また、私は裁判で一度も負けたことがないから、今回の裁判も必ず勝つとも告げた。

しかし実際には、彼らに花を持たせるつもりだった。私は寛大な男だ。ただ、いたずら心から、ちょっとからかっただけだった。しかし、ある捜査員からこう言われた。その言葉は今でもはっきりと憶えている。

「いや、今回は逃げられない。おまえの情報と引き換えに自分の身を守ろうとするメイドマンが山ほどいる。裁判で証言したいと列をなしているよ」

これは冗談ではなく事実だった。


手当たり次第に情報を売るマフィアが増え、その傾向は年を追うごとに強まっている。こうした傾向は、一九八〇年代半ばから強くなった。そうなった主な原因は、若いメイドマンに対する教育が甘くなり、ファミリーに対する忠誠心が薄れているからだと言われている。

　だがそれは誤りだ。本当の理由は政府の対策にある。組織犯罪に対する政府の締め付けが厳しくなったことが原因だ。法律が改正され、刑罰はさらに厳しくなった。懲役年数は延び、仮釈放されることもずいぶん減った。

　一九三〇年代初めに脱税で起訴されたアル・カポネは一五年の懲役を科せられたが、七年で仮釈放となった。今ならきっと、懲役五〇年の刑を受けたはずだ。最低でも四〇年は服役しないと仮釈放にはならないだろう。


　このような事態は、マフィアではない自分には縁のない話だと思う人もいるだろうが、それは早計というものだ。

　一九九〇年代に入ってから、巨大企業の不祥事が次々に発覚した。それを受け、政府は法を軽んじる企業幹部と戦う決意を表明した。アメリカ議会は新しい法案を次々に通過させて司法省の権限を強め、その結果、企業犯罪の取り締まりが飛躍的に厳しくなった。有名大企業の幹部の逮捕劇を派手に繰り広げ、逮捕された幹部には不正行為を働いたとして有罪判決が下り、巨額の罰金と刑罰が科せられた。

自分の会社は規模が小さいから政府に目をつけられないと思っている人も、気を引き締めたほうがいい。一切誰とも関わらずにビジネスができるのなら別だが、そうでないなら、必ず誰かに見られていると思うべきだ。

一度や二度なら逃げられるかもしれないが、それも運がよければの話である。**違法行為を繰り返していれば、いつか必ず見つかる。**見つかったら、それでおしまいだ。

一方的にマフィアが企業を巻き込んでいるわけではない

ごく普通のビジネスマンの中にも、機会があれば、自分の会社やライバル社、あるいは個人からカネをだましとろうとする人はいくらでもいる。自らの利益のために不正を犯す人は、まだまだ現れるだろう。

一見するとまっとうなビジネスマンでありながら、私腹を肥やすために自ら進んで不正を働く者は大勢いる。金融関係者、銀行家、カジノ経営者、旅行代理店経営者、株式ブローカー、労働組合の役員、保険会社の幹部、公務員……。

私は公判で、検察側から「不正を厭わないビジネスマンを見つける能力がずば抜けている」と言われたことがある。

確かに私は、自分に不正を持ちかけてきた相手とうまくやってきた。だが、意外かもしれないが、こちらから探したことは一度もない。不正に利益を得ようと計画する人間が、向こうから近づいてくるのだ。そして結局はみな、相応の報いを受けている。

事業を経営していると、さまざまな誘惑が現れる。中には、私利私欲のためではなく、事業の継続のためにやむなく不正に手を染める者もいるだろう。

だが、悪いことはやはり悪い。それに、いずれ必ずその報いを受けることになる。ソロモンもこう言っている。

**「誰かをだまして得た食べ物は蜜の味がするが、
いずれ口の中は砂利まみれになる」**

ソロモン

つまり、ルールや法律を無視すれば、刑務所の食事という「砂利」を味わうことになるのだ。

国税庁は恐ろしいほど粘り強い。マフィア以上に

一九八八年、刑務所暮らしを送っていたある日のこと。その日も私は一番の楽しみがやってくるのを心待ちにしていた。手紙である。
私の最愛の妻は、一日も欠かすことなく手紙を書いてよこした。それは子どもたちも同じで、彼らの描いた絵が同封されていると、独房の壁のよく見える位置に飾った

ものだ。

その日は、家族からに加え、国税庁からも手紙が届いた。国税庁のほうを読むのは夕食の後にしようと思い、書類の山の上に置いた。そういう相手からの手紙は、できれば空腹でない状態で読むのが望ましい。


床につく時間が近づき、ようやく封を開けた。中身を読んで、私は大声で笑った。それは、税を納めずに販売したガソリンの儲けに対し、五〇〇〇万ドルを超える追徴課税が発生するとの通知だった。いったい、どうやってその数字をはじきだしたのだ？説明によると、私のガソリンビジネスで脱税の手助けをしたという証言の一つひとつに課税したという。書類は何一つ添付されていない。何の裏付けもない「この販売は税を納めていない」という役人のひと言で、それだけの額の課税を決めたのだ。

だが、私が笑ったのはそこではない。追徴課税を払えという文面は、決して愉快ではなかった。ただ、手紙の一番下の支払い方法に関する記載に思わず笑ってしまった。

「ビザ、マスター、またはアメリカン・エキスプレスで支払い可」

そのとき手元にカードがあれば、番号を記入して返信できたのに、残念でならない。

それ以降、同じような手紙が送られてくる日々が何年も続いた。国税庁はあらゆる手段を使って税を取り立てようとした。結局、彼らと折り合いをつけるのに二〇年かかった。

それにしても、彼らの記憶力のよさと粘り強さは恐ろしい。**私はマフィアの魔の手から逃れることはできたが、国税庁の徴収の手からは逃れられなかった。**

国税庁の追跡の手から逃げるのをやめて直接会って話をすると、担当者は意外にものわかりがよかった。私に逃げる意思がないとわかると、彼らは態度を一変させた。税金滞納者全員に親切な態度を取るとは約束できないが、国税庁から逃げたところで、追及が厳しくなるだけだ。彼らにはさまざまな権力があり、税から逃れ続けていれば、容赦なくその権力を発動させるだろう。

ビジネスで成功したいなら、税金は必ず払え。もちろん、多く払う必要はなく、法で定められた額をきっちり納めればそれでいい。儲かっている経営者は、端数を値切るような真似をしない。必要な支払いを惜しまないから大金が稼げるのだ。

もちろん、払わずにすむ合法的な方法があれば、迷わず取り入れればよい。自分に有利になる法律は最大限に活用しないと損だ。だが、帳簿を操作して所得を隠したりごまかしたりすれば、いずれ必ず、あなたもあなたの会社も捜査の対象となる。

〝捜査〟が嫌なら帳簿の数字は〝操作〟するな

マフィアは数字に強い。とくに自分に入ってくるカネの勘定にはものすごく強い。

マフィアは、何百という収入源がありながらも、誰からいくらもらうかを一セント単位で把握していて、しかも一切書き留めない。すべて頭の中に入っている。

マフィアが認知症になることはない、そう言えるほど、素晴らしい記憶力を発揮できるのだ。記憶力を向上させたいなら、誰かにカネを貸すことをお勧めする。

金銭のやりとりを記録に残せば、裁判になったときの証拠になる。だから、マフィアは帳簿を残さない。

しかし、マフィア以外の合法ビジネスに携わる人は、会計処理の基本に従って帳簿をつける必要がある。そうすることで、会社の成長や不振が明らかになるだけでなく、早期に横領などの不正を見つけて深刻なダメージを防ぐことにもつながる。

ドナルド・トランプは「自分の仕事を隅々まで、クリップの数にいたるまで把握することが大切。それをしなかったら、思わぬ災難にあう」とよく口にする。

クリップなら何十億個も買えるだけの財力の持ち主からの、実に適切なアドバイスである。素直に彼のアドバイスに従うのが賢明だ。**帳簿は一つにまとめ、正確に記録する。入力した数字は、決して操作してはならない。**会社の財源の出入りを一ドル残らず記録するとなれば、細部まで徹底的にこだわるようになる。

「正確に量れない天秤は主に厭われ、正確な錘(おもり)は主に喜ばれる」

ソロモン

ソロモンは、神はいかさまを嫌い、公正な態度を好むと言いたいのだ。

ワールドコムの創設者の一人でもあったバーナード・エバーズ元ＣＥＯは、一一〇億ドルの不正会計処理で有罪となり、それとともにワールドコムという会社も破綻した。

エンロンのジェフ・スキリングも、帳簿の改ざんなどの罪に問われて有罪となった。

アデルフィア・コミュニケーションズの創設者、ジョン・リガスとその息子もやはり、不正会計処理をはじめとする複数の罪で有罪となった。

これらはほんの一部でしかない。

まっとうなビジネスマンの諸君、誰かが必ず見ているということを、くれぐれもお忘れなく。捜査の対象になるのが嫌なら、帳簿の操作は厳禁だ。

誠実さを態度で示せ

マキャベリの『君主論』では、自分の利益を得るための「非道な行為」については言及されていない。「非道な行為の利点」についてもマキャベリは言明を避けている。マキャベリは「非道な行為」を賞賛してはいないが、非難もしていない。ただ、そのような行為に及ばざるをえないときがある、と述べるにとどめている。

この考え方をビジネスに当てはめると、商談や会議の場で成功のために必要だと判断されれば、不正なやり方も正当化されることとなってしまう。勝つか負けるかがすべてとなり、過程や手段を顧（かえり）みなくなるのだ。

「君主たる者、たとえ高潔なところが一切なくとも、つねに高潔に見えるように振る舞うべし」

マキャベリ

マキャベリはこう主張する。そして、実際に高潔な君主よりも、高潔なふりをしているだけの君主のほうが、道徳にとらわれないので優秀だ、と断言している。道徳や倫理といった「美徳」に縛られなければ、必要となればどんなことでも成し遂げられるからだ。

君主は「風向きに応じられる柔軟な思考」を持ち、可能な限り善い行いに徹するが、必要に応じて悪事に手を染めることもできなければならない。しかしながら、たとえ胸のうちで策略をめぐらせているときも、「慈悲深さ、誠実さ、人望の厚さ、公正さ、敬虔の念の深さ」を相手に感じさせねばならない、そうマキャベリは記している。

マフィアは、自分に都合のいいときにしか誠実さや正直さを見せない。

初めてのシットダウンで私の印象に残ったのは、自分の立場を守るためなら嘘をついてもいいということだった。誠実な態度が不利に働くときはそうしなくても構わないのだと私は理解した。マフィアは、勝つためなら誠実さも「巧みな戦略」として利用するのだ。

マフィアとしてビジネスを行うときは、相手に誠実だと思ってもらえることが大事であって、本当に誠実である必要はない。それはメイドマン同士の取引でも同じだ。たとえ自分が有利になるために嘘をつくときでも、相手に誠実だと感じさせる態度を取らねばならない。マリオとのトラブルや鶏肉事件のときもそうだった。

誠実さを示さないのは、相手に失礼にあたる。**誠実さを示さないことを、利口に立ち回ることと混同してはいけない。**その境界は曖昧であることが多いが、まったくの別物だ。

人にはそれぞれ善悪の基準がある。利口と失礼の境界は、その基準で判断できるだろう。

「正しい心の持ち主は自らの誠実さに導かれ、
不実な心の持ち主は自らの偽りで身を滅ぼす」

ソロモン

今日の厳しい経済情勢の中で生き残るため、多くの企業が奮闘しているが、そこで働く人のほとんどは正しい心の持ち主だ。ただ、そうでない人も必ずいる。

奮闘しているかどうかは、それほど重要ではない。一所懸命なのはみな同じだ。また、奮闘したところで成功するとは限らない。

しかし、**誠実な態度を心がけていれば、確実に成功に近づける。**勤勉さ、経験、的確なサポートを提供してくれるスタッフ、少しの運、そこに誠実さが加われば、大きなことを成し遂げやすくなる。誠実さなくしては、長続きする成功は手にできない。

「強欲という心の中の怪物を退治せよ」

ソロモンは、人間の欲についてこう記している。

「惜しみなく与える者はなお多くを手にし、
理不尽なほど与えない者はいずれ貧する」

ソロモン

仕事でもプライベートでも誠実でいるためには、「欲をかかない」ことが何よりも大切だ。すでに十分持っているのに、それに満足できなければ、強欲になるしかない。私はこれを第6章で紹介したノービイ・ウォルターズの一件で学んだ。

「欲」という言葉には、何としても奪ってやるという、どこか「汚い」イメージがある。しかし、映画「ウォール街」の主人公ゴードン・ゲッコーは、株主総会の場面でこうスピーチした。

みなさん、ほかにふさわしい言葉がないので
あえて「欲」と言いますが、これは善です。
欲を抱くことは正しいのです。欲は役に立ちます。

欲があれば進むべき道が明確になります。
その道に分け入ることで、精神の成長を実感できるのです。
欲にもいろいろあります。生きたいという欲、金銭欲、愛、知識に対する欲。ありとあらゆる欲が、人間という種を高めてきたのです。

これは本当にいい映画で、このスピーチの場面も素晴らしかった。ただ、中身は壮大な嘘だ。

ゴードン・ゲッコーのモデルとなったアイヴァン・ボウスキーは、ゲッコーと同じく逮捕され、実刑判決を受けた。二一世紀に入ってからも、エンロンの幹部、マーサ・スチュワート、大企業のCEOなど、欲にかられて道を踏み外したビジネスマンは数知れない。そして、これから先も必ず現れる。

ゲッコーは「欲は進むべき道を明確にする」と言うが、実際は違う。**欲にかられると、視野が狭くなる。**例をあげて説明しよう。

ソロモンの言葉を集めた『伝道の書』の中で、海を隔てた国への投資を念頭においたソロモン王がこう述べている。

「水の上にパンを投げよ。多くの月日が流れた後に、再び手にすることができる」

ソロモン

投資をすれば、いずれ見返りが手に入るということだ。ただし、「七人、ときには八人と分かち合うがよい。どんな災難に襲われるかわからないのだから」という言葉が続く。

会社の資金を不動産担保証券に過剰に投資したり、借入金をすべてCDS（クレジット・デフォルト・スワップ）につぎ込んだ会社は、ソロモンの教えを無視している。儲け話に飛びついたはいいが、彼らは欲に目がくらむあまり、リスクを客観的に判断できなかった。投資が成功した場合の報酬しか目に入らなかったのだ。

ソロモンの「七人、ときには八人と分かち合うがよい」という言葉はリスクの分散を意味するが、彼らは見込める利益の大きさに目がくらみ、一つか二つに絞って多額の資金を投入した。その結果、投資先の破綻に伴い沈んでしまった。

マキャベリは強欲を肯定している。

私がガソリンビジネスで期待以上の成功を収めていたとき、ＦＢＩの捜査の手が迫っていると気づいていながら、どうしてもあきらめることができなかった。週に数百万ドルが出てくるポンプのスイッチを切るなど、誰ができる？　早めに手をひいていれば、刑務所に入ることもなく、罰金や弁護士費用も払わずにすんだかもしれない。だが、欲をかいたために、そのビジネスから離れることができなかった。

私はずっと、欲と付き合ってきた。そして、欲にかられた人やその周囲にいる人が、欲に飲み込まれるところも見てきた。成功したい、勝ちたいという願望は大事だが、**欲をかいてはいけない。欲をかけば、必ず破滅する。**それが現実だ。

ただし、「願望」はあったほうが成功しやすい。成功したいという気持ちから対抗意識が芽生えるのは健全なことであり、むしろ成功に不可欠だと言ってもいい。

仕事のうえでの願望と欲は別物だ。人の行動には必ず動機が伴うものだが、欲に突き動かされたら破滅に向かう。欲をかいて行う事業はもろく崩れやすい。

「ちゃんとしろ」

マフィアはよく「ちゃんとしろ」と言う。
実際私も、何度となくこの言葉を使ってきた。マフィアのビジネスでは「ちゃんとする」のがとても大切だ。もちろん、マフィアにとっての「ちゃんとする」なので、一般的には「間違ったこと」とみなされ、まっとうなビジネスにはふさわしくないものが多い。
また、メイドマンがその言葉を口にするときは、「でないと……」という言葉も続く。
たとえば、カネを貸している相手から利息を取り立てるときならこんな感じだ。

「ちゃんとしろよ。でないと、あんたのとこのビルを吹き飛ばすぞ」

こう言って、マフィアとの取引で「ちゃんとしないとどうなるか」を相手にわからせるのだ。

ただし、これから説明する「ちゃんとする」は、日々の生活や仕事の中で誠実に行動することと同義だと思ってもらいたい。

IBE（企業倫理協会）が実施した「企業倫理は報われるか？」という調査によると、**倫理にのっとった活動を明確に約束している企業は、そうでない企業よりも業績がよい**という。

IBEの責任者フィリッパ・フォスター・バックは、「業務を遂行するにあたって倫理を重んじることは、論理的に正しいだけでなく、金銭的にも報われると実証された」と語る。この分析結果を踏まえて、会社の業務を遂行する際の最低ラインを見直してみるといいだろう。

「正義と愛を追い求める者は、生きがいと豊かさと名声を得る」

ソロモン

ソロモンは他人から信頼されることの価値を知っていた。そして、それが豊かさに導いてくれるのだと考えた。

倫理にのっとった活動を明確に約束している企業が、不快な態度や不正を行う会社より秀でるのは当然のことなのだ。

要は、**信頼できない相手との取引を望む人はいない**ということだ。信頼できる会社はすぐにわかる。たとえ規模が小さくても、会社に倫理的に行動することがしっかりと根づいていれば、顧客は必ず気づいて好感を抱き、いい会社だと思うようになる。それがひいては、会社の収益を高め、会社を繁栄に導いてくれる。

顧客が納得できないやり方や、明らかに道義に反することをしていると、必ず世間にそれが伝わる。そしてその報いを受けることになる。

「多くの仲間がいなくなった。それはなぜか？」

私のメイドマン時代の仲間の大半は、もう死んでいるか、服役中か、引退しているかのいずれかである。

ファミリーのドンだったトム・ディベーラは、ニューヨーク南地区裁判所に恐喝罪で起訴されたが、刑に服す前に死んだ。

カポのアンドリュー・ルッソは、この二〇年、出所と服役を繰り返している。

私に腐った鶏肉を売りつけたピーター・カステラーノは、もう腐った鶏肉の売買は行っておらず、死んだらしいとの噂がある。

ピーターの兄でガンビーノファミリーのドンだった〝ビッグポール〟ことポール・カステラーノは、一九八五年一二月、マンハッタンのスパークス・ステーキ・ハウスの前で暗殺された。

暗殺を命じたのは彼の部下だったジョン・ゴッティ。そのゴッティは終身刑となり、連邦刑務所で服役中にガンで死んだ。
私がどうなったかは、ご覧のとおりだ。

「不当に利益を求める者の末路は決まっている。
彼らの命は必ず奪われる」

ソロモン

ソロモンは、「不当な手段を用いて利益を得れば、必ず命を失うことになる」と言いたいのだ。文字どおりにせよ、比喩的にせよ、この言葉は正しい。

誠実な人間は、かつての私のような、欺瞞(ぎまん)と不正だらけの生活は送らない。誠実な経営者は、顧客を騙したりパートナーから搾取したりしない。誠実さのない人生を選んだ人は、いつか必ずその代償を払わされる。これは絶対だ。

普通の人ならば、メイドマンほど厳しい代償を払わされはしないだろうが、仕事や人生が悲惨なことになると覚悟したほうがいい。

誠実さは、必要なときだけ引き出しから取り出して使い、用がすめばまたしまう、というものではない。そういう使い方では、マフィアと何も変わらない。

そういう態度でビジネスに臨んでいては、さまざまなトラブルが発生するだろう。近頃は、法を犯して刑務所に入り、一生を棒に振る企業幹部が増えているが、彼らと同じ轍を踏んではならない。

09

マキャベリか、
ソロモンか、
あなた自身の師を選べ

マキャベリとソロモンの教えは、十分ご理解いただけただろう。

それでは、二人の教えをじっくりと吟味し、自分の仕事にどう取り入れるべきか考えてみてほしい。マキャベリとソロモン、あなたはどちらの教えに従いたいだろうか。

「マキャベリとソロモン、両方を選ぶことはできない」

念のため言っておくが「マキャベリの教えに従うこと＝マフィアの一員になること」ではない。本当にマフィアになるには、ほかにも満たさねばならない要件がいくつかある。

あなたがイタリア人の血をひくなら、まずはマキャベリの教えに従ってみるといい。彼の教えにのっとってビジネスを行ったからといって、それだけで悪い人間になりはしない。

ただ、これだけは言っておく。**マキャベリの教えにならうと、次第に自分の弱点**

や非道な部分を大目に見るようになる。会社の繁栄のためと称して、道義や法律に反することでも容易に正当化するようになるのだ。この点には注意が必要だ。

反対に、ソロモンの教えにならう人は、誠実な態度で業務を遂行し、倫理を貫き法の順守を心がけるようになる。

ただ、それと業務を完璧にこなすこととは別であり、誠実に働いたからといって成功するとは限らない。ソロモンの教えに従って失敗する人も実際にいる。しかし、失敗しても、「確固たる信念と高い理想を持って仕事をしている人」という印象は確実に残る。それが大事だと思うなら（そう思ってほしい）、ソロモンを選ぶのが正しい。

どちらか一人に絞らずに、両方の教えを取り入れることはできるだろうか。あるときはマキャベリの教えに従って行動し、あるときはソロモンの教えに従う……。残念ながら、それはできない。

何も、マキャベリとソロモンが対極の位置にあるというわけではない。プライベートと仕事も、別ものとはいえ重なる部分は必ずある。

ただ、マキャベリとソロモンの場合、マキャベリは「目的が手段を正当化する」という考え方のもと、事業を大きくするためなら何をしても許されるとしている。つまり、ソロモンの教えに従うのも、人の道に外れるのも自由だ。

一方ソロモンは、成功には自分の価値観や誠実さが何よりも大切だと説き、それを曲げることを決して許さない。つまり、両者の教えにならおうとすれば、結局はマキャベリの教えにならうことになるのだ。

マキャベリか、ソロモンか、私が最終試験をしよう

マキャベリか、ソロモンか、どちらの傘の下で成功を追求すべきか。

勝つためなら何を犠牲にすることも厭わないメイドマンは、迷わずマキャベリの傘を選ぶが、メイドマン以外の人は、誰であってもソロモンの傘を選ぶべきだ。

まだ決心がつかない人は、次の質問に「イエス」か「ノー」で答えてほしい。マキャベリならすべての質問に「イエス」と、ソロモンなら「ノー」と答えるはずだ。

質問1　結果を出すためなら、どんな手段を使っても構わない。

マキャベリはこう言っている。

「時代の流れに即して行動を起こす人は成功する」

「権力を維持するためには、不正の仕方を心得ておき、必要に応じて利用せねばならない」

一方ソロモンは、こう言っている。

「嘘をついてなした財は、はかなく消え去る霧であり、災いの元である」

目的が手段を正当化するというマキャベリのやり方を会社の秩序にすると、守るべき価値観はただ一つとなる。

「求める成果を得るためなら何をしても許される」

これがマキャベリの考え方である。帳簿の操作、嘘の申請、財務表や納税申告書の改ざん、株主への嘘など、どんな悪いことをしても構わないことになる。

ソロモンは、こうした考えに一切同調しない。

ソロモンは、どんな状況であっても、不正な手段を用いて金銭を得るのは誤りだという信念の持ち主である。株主をだますことも、経費を水増しすることも、会社のカネを横領することも、決して認めない。そういう行為が許される場面はない、というのがソロモンの考え方である。

質問2　ビジネスでは、不正な手段に頼らざるをえないときがある。

マキャベリはこう言っている。

「約束は過去に必要だったものであり、約束の反故（ほご）は今この瞬間に必要なものである」

「機が熟すまで敵に隠しとおせた策略ほど、成功率の高いものはない」

「人間は単純で、欲望にすぐ負ける。いかさま師はだます相手にこと欠かない」

「いかさま師をだますのは二重の喜びである」

一方ソロモンは、こう言っている。

「嘘をつく口の持ち主になるくらいなら、貧しくとも誰に非難されることなく歩むほうがよほどいい」

「主は嘘をつく口を厭い、正直者を愛す」

「嘘をつく舌は嘘で傷つく者を嫌悪し、甘言を弄する口は破滅をもたらす」

「真実を語る口には永遠が約束されるが、嘘をつく舌はつかの間で消える」

「不正に手に入れた富は次第になくなるが、少しずつ富を貯める者はそれを大金に変えることができる」


マキャベリに従うと、「目的が手段を正当化する」が信条となる。ライバルより優位に立つためなら、人をあざむく行為も厭わない。誤解を招く広告も、労働者を不当に働かせることも、賄賂を贈ることも許される。ライバルよりも抜きん出るためなら、捕まらなければ何をしても構わない。

さらには、不正には不正で返すべきと考え、不正を働いた者をだますことに喜びを見いだすようになる。自分をだましたライバルや同僚について嘘の悪評を立てても、マキャベリの教えではまったく問題ない。基本的に他人に対して敬意を見せず、不当な扱いを受ければ、不当な扱いで返す。

一方、ソロモンにならうと、不当な扱いを受けたとしても、不当な扱いを返してはいけない。嘘の悪評を広めることも、詐欺的な行為に及ぶこともだめだ。

不正に富を得ることも決して許さないし、他人が不正行為をしているからといって、自分が掲げる基準を下げることもない。

質問3　自社のためなら、他社を廃業に追い込んでも構わない。

マキャベリなら「イエス」と答えるだろう。何しろ彼の考えはこうだ。

「軽い傷を負わせただけでは仕返しされる恐れがある。攻撃するときは、復讐される心配がなくなるまで徹底して攻めるべきだ」

「征服した独立国家を解体しないのは、大きな誤りだ。それは、自身の破滅につながる」

ところがソロモンは、こう言っている。

「倒れた敵をあざ笑うなかれ。敵のつまずきに心躍らせれば、それを不快に思う主の怒りが汝（なんじ）に向かう」

「悪事を謀（はか）れば、いかさま師と呼ばれるようになる」

「弱き者から搾取（さくしゅ）してはならない。主はその行為を決して見過ごさず、搾取した者、虐げた者の命を奪う」


マキャベリは、ライバルを破滅に追いやることは罪ではないと言う。さらには、優位に立つだけでは不十分で、自分の相手にならないレベルにまでおとしめるようにと説く。つまり、どんなことをしてでも、ナンバーワンになれということだ。

しかしソロモンは違う。ライバルを不正におとしめることも、残酷な手段を用いて打ち負かそうとすることもない。

正々堂々とフェアに戦う。競合他社よりも優位に立てれば嬉しいが、非道なやり方を用いてライバルを破滅させることは絶対にしない。

質問4　部下に好かれるよりも、恐れられるほうが尊敬されやすい。

マキャベリは、こう言っている。

「愛されるよりも恐れられるほうが安全である」

「人間は、好感を抱く相手よりも恐れを抱く相手への攻撃をためらう」

「法律の最大の利点は、民衆に力や富を持たせないようにすることである」

一方ソロモンは、こう言っている。

「善を探し求める人は善意に出合い、悪を探し求める人には悪意がやってくる」

「弱き者に親切にすれば、主の心にかない、その行いに対する恩恵にあずかれる」

「弱き者を虐げることは神への侮辱であり、弱き者に親切にすることは神への賞賛である」

マキャベリの教えにならう人は、社員のことを心から気にかけたりしない。自身の安全を第一に考え、彼らに愛されるのではなく恐れられる雇い主や上司になろうとする。富を分かち合う気持ちは一切なく、部下に力や富を与えず、会社に縛り付けて利用することにメリットを見いだす。

一方ソロモンの教えにならう人は、敬意をもって社員に接し、彼らの意思を尊重する。社員を利用しようとは思わず、社員を公平に扱うことにより、神の恩恵にあずかれると考える。そして、恐れられるのではなく、愛されたいと願う。

質問5　自社のためなら誠実さを欠いても許される。

マキャベリは、こう言っている。

「ときとして、真実を言葉にできないことがある。そういうときは明らかにする必要はないが、仮に知られてしまったときに備えて、自分を守る用意をしておくとよい」

「君主が約束を反故にするのに、正当な理由は必要ない」

「ミスを認めないほうが得策であることが多い」

「善意を持って仕事をしようとすれば、たちまち悪意を持つ者から妨害を受ける」

「賢明な君主は、自身の利益の妨げとなる約束は守らない」

　一方ソロモンは、こう言っている。

「誠実な人は安心して歩んでいけるが、不正の道を行く者は必ず世に知れる」

「正しい心の持ち主は自らの誠実さに導かれ、不実な心の持ち主は自らの偽りで身を滅ぼす」

「正義と愛を追い求める者は、生きがいと豊かさと名声を得る」


　マキャベリの教えは、ずる賢く他人を操ろうとするものである。また、誠実さに関しては、他人に誠実だと思わせることができればそれでよく、実際に誠実である必要はないと考える。つまり、誠実なふりをして仕事をするようになるということだ。

ソロモンの教えにならうと、誠実さをつねに忘れないことが何よりも大事になる。それは、生き方や仕事の仕方に表れる。

チキンバーガーチェーン「チックフィレイ」を創設したS・トルエット・キャシー会長は、五〇年以上前から「利益よりも人とルールが優先」を信条に事業を運営し、業界第二位へと成長させた。誠実さは本当に大切だ。

「自分の意思で信じる道を選べ」

いよいよ選択のときがきた。難しい決断だと思うかもしれないが、どちらの教えに従いたいか、心の奥底ではわかっているはずだ。**自分の信念を信じて進む勇気がなければ、結局はマキャベリに落ち着くしかない。**

一九八九年、ニューヨーク東部組織犯罪撲滅部隊の責任者に就任したエドワード・

マクドナルドが、服役中の私を訪ねてきた。その頃私は、マフィアと縁を切る意思を表明し、コロンボファミリーから命を狙われる立場になっていた。

私の離反を知ったファミリーのドン、カーマイン・パーシコ・ジュニアがひどく腹を立て、暗殺命令を出したのだ。しかも、その命を請け負ったのは私の父だという噂まで飛び交った。

そんな中、撲滅部隊の責任者がＦＢＩ捜査官を二名伴ってやってきた。

彼らは私に取引を持ちかけてきた。マフィアと縁を切ったのだから、昔の仲間に関する情報をすんなり提供すると思ったらしい。

マクドナルドは、私の命を守り、さらには別人として新たな人生をスタートさせるチャンスを与える代わりに、大物メイドマンの裁判で証言してほしいと言った。それはつまり、膨大な数のメイドマンの信頼を裏切れということだ。

私はためらった。そんなことをするためにマフィアを抜けたのではない。

昔の仲間には何の恨みもなかった。私がマフィアと縁を切ったのは、別の理由からである。一時間近く話し合った末、私に協力する意思はないと納得してもらった。

去り際にマクドナルドが残したひと言を、私は今でもはっきり覚えている。彼はテーブル越しに身を乗り出し、私の目をまっすぐに見てこう言った。

「マイケル、君はもうおしまいだ。あの世へ行くしかない」

そう言って数秒ほど黙って私を見つめていたが、それは心変わりを促すためではない。その目は、私はもう死んだも同然だと語っていた。

なぜ彼はそんなことをわざわざ言ったのだろう。ファミリーから命を狙われることになると、私がわかっていないとでも？

確かに私は窮地に立たされていた。本当に命が危ない――それは誰よりもよくわかっていた。

しかし、未来は誰にもわからない。私が死ぬと決まったわけではないし、実際まだ息もしている。

それに、マクドナルドはああ言ったが、私は自分がおしまいだとは思っていなかった。昔の仲間を誰一人警察に売らなかったのだから（死の間際になっても売るつもりはない）、チャンスは必ずあると思っていた。自分が正しいと信じた道を選択して、本当によかったと思っている。

「自分が足を下ろす道を慎重に見極めれば、進む道は確かなものとなる」

ソロモン

状況に流されて、自分の意思で選ぶことを恐れてはいけない。

契約成立のために規則を曲げていいのか、売上げ獲得のために嘘をついていいのか、決めるのは自分だ。片方からマキャベリの声が聞こえ、反対側からソロモンの声が聞こえても、最終的な判断は自分で下さねばならない。

何がどう転ぶかなど誰にもわからない。しかし、これからもずっと、自分が下した決断とともに生きていかねばならない。確かなことはそれしかないと気づけば、何を選ぶかは自ずと決まる。

自分が正しいと信じた道を選択する。これに尽きる。未来は操作できないが、自分が信じた道を歩んでいれば、心穏やかでいられる。

10

本当の成功とは？
自分にとっての
「成功」を定義せよ

「成功」が何を意味するかは、人それぞれ異なる。

ビジネスにおける「成功」は、たいてい「利益」に落ち着く。ビジネスにおいては、多くの利益を生み出すほど、成功の度合いも大きいことになる。

マフィアの「成功」の定義はシンプルだ。

マフィアの世界では、権力を手にすることが究極の成功だとみなされる。つまり、成功の方程式はただ一つ。「財力＋カネ＝権力」だ。

私の父は刑務所で三〇年以上過ごしたが、それでも「成功したメイドマン」だと言われる。父はソルジャーからカポ、そしてアンダーボスへと昇進し、その過程で相当カネも稼いだ。今ではコロンボファミリーの最長老となり、その実績から広く尊敬を集めている。

この本を書いている今、父は九二歳。今も仮釈放中の身だ。

しかも悪いことに、ＦＢＩがコロンボファミリーのメイドマン数名に対する恐喝罪を立件したことに伴い、罪状がさらに増えた。父はきっと、塀の向こう側で息をひきとることになるだろう。それでもやはり成功者と呼べるのだろうか？

いずれにせよ、彼は私の父である。心から尊敬し愛しているが、本音を言えば、これほどの「成功」を成し遂げたりせず、もっと自由を満喫してほしかった。

コロンボファミリーの一員になったときの私は、できるだけ多くのカネを稼ぐことが「成功」だと考えていた。そして実際に大金を稼ぎ出し、ファミリーの中で昇進を遂げ、それなりの権力を手中に収めた。それらはすべて、マキャベリのやり方にならって手に入れたものだ。

マキャベリは、「君主は何をおいても、類いまれな能力を持つ偉大な人物だと噂されるような行動を、つねに心がける必要がある」と言っている。まさにメイドマンにふさわしい言葉だ。

その成功に意味はあるのか？　自分に問い直せ！

成功とは、その人の道徳観や行為の内容で決まるものでもない。肩書きや職種とも関係ない。医者や弁護士、集落の長として成功する人もいるが、銀行強盗や窃盗、暗殺などの犯罪で成功する人もいる。

辞書で「成功」をひくと、「試みや努力がうまくいくこと」とある。つまり、自分の目的に沿って行動し、目的が達成できたら「成功」というわけだ。

この定義はソーセージでたとえるなら皮の部分にあたる。何を中に詰めるかは、人によって違う。**自分にとって意義ある成功を手にするには、ソーセージの中に何を詰めるかが肝心だ。**

ソロモンは、極めてバランスのとれた見解を示している。

「正義と愛を追い求める者は、生きがいと豊かさと名声を得る」

正しい道を歩み、豊かさの恩恵にあずかり、神からも周囲の人からも、敬意を払ってもらえることが、ソロモンの定義する「成功」なのだ。

今の私には、それが正しいように思える。メイドマンだった頃なら、偽善的な物言いだと切り捨てていただろうが。


私がこれまで稼いだカネの大半は、マフィア絡みのビジネスによるものである。何百万ドルも手に入れた代わりに、裁判所からの召喚状、起訴、懲役判決といった厄介な問題もたくさんついてきた。

資産は毎日のように増えた。ジェット機やヘリコプターを所有し、ニューヨーク、カリフォルニア、フロリダに豪邸を所有した。毎日一五〜一八時間働き、家族と過ごす時間はほとんどなかった。

この成功は、終わりのない傾斜を転がる雪玉のごとく永遠に続くと思っていたが、突如として雪崩に襲われた。どこかで聞いたことのあるような話だろう。

使い切れないほどのカネに加えて地位と名声も手に入れたが、今思えば、その頃の私の生活には何かが決定的に欠けていた。そういう意味では、**私は決して成功者で**

はない。ソーセージの中に、間違った具材を詰めてしまったのだ。ほどよく熟成して食べごろになっても、私の胃はそれを受けつけなかった。

人生は中身がすべてなのだ。

「富のことばかり考えるのはやめなさい。
富は、目を離したとたん、翼が生えて、
鷲のごとく空に飛んで消え去るものなのだから」

ソロモン

「人生を楽しまずに、何のための成功だ」

仕事に夢中になりすぎて、本当に大切なものをないがしろにしてはならない。本当に大切なもの——それは自分と自分の家族だ。自分や家族を大切にせずに富や名声だ

けを追いかけ続けても、苦い思いをするだけだ。

仕事をしていれば、誰でも「できるだけ多く稼ぎたい」と思う。しかし、会社の規模や体力以上に収益をあげようとすれば、コストが上回ってかえって赤字になるのがオチだ。それに、投資をしている最中は、配当は手にすることはできない。

言い換えれば、**カネを稼ぐことに夢中になっている間は、人生を楽しむ機会が奪われる**ということだ。その見返りは、徒労感、失敗、離婚、病気といったものになる。

読者の中にもきっと、今言ったような状況の人がいるだろう。一歩ひいて、自分の仕事の取り組み方を厳しい目でチェックしてみてほしい。

その努力に意味はあるだろうか？
その努力は報われるだろうか？

仕事は自分でコントロールするものであって、仕事に振り回されてはいけない。

カネを稼ぐことに執着しすぎると、ろくなことはない。それに、いくらカネがあっても、それを有意義に使う時間がなければ意味がない。

私の成功への道程は、山あり谷ありの入り組んだ迷路のようなものだった。栄光と挫折の繰り返しで、平坦な道などほとんどなかった。それでも、何とか歩き続けることができている。少なくとも、この本を書き上げるまでは歩き続けるつもりだ。

ビジネスで成功を収めるのは、決して簡単ではない。その成功を維持するとなれば、さらに困難になる。偉大な成功者たちがビジネス書で何を言おうと、それが現実だ。成功する秘訣など存在しない。成功を保証するものなど何もない。

でも、今のあなたには、自分のすべきことがわかっているはずだ。

アイデアを出して目標を定め、その実現に向けた計画を立てる。

目標達成の助けとなる人を見つけて協力を仰ぐ。

倫理にのっとって効率よく（睡眠時間も確保できないようでは、カネを手にする意味がない）働く。

これで、あとは、運を天と市場に任せればよい。

私が払った成功の代償とは

刑務所から出所して、私は数年で三つの事業を立ち上げたが、どれもうまくいかなかった。八年近くの服役生活で、ビジネスセンスがすっかり錆（さ）びついたのだろう。一九八〇年代半ばに恐喝罪で多数の有罪判決を受けたことから、私は多くの金銭問題を抱えていた。出所した後も、未解決のものがかなり残っていた。

それに加えて、裁判所から罰金や賠償の支払いを命じられ、国税庁からも執拗（しつよう）に膨大な追徴課税の支払いを催促された。南カリフォルニアで妻と四人の子どもを養っていく生活費も、もちろん必要だった。そのときは本当に、経済的にどうにもならない状態だった。

家族の生活費を稼ごうとベンチャービジネスを立ち上げても、判断を誤って失敗に終わった。次第に、自分は単なる「一発屋」だったのだと思うようになった。マフィアの世界では「最年少幹部」ともてはやされて大金を稼いだが、普通の仕事では生計を立てることすらできないのだから。

かつて大きな成功を収めたビジネスのやり方、マキャベリの教えに戻りたい、という気持ちがまったく芽生えなかったと言えば嘘になる。

正直、今の仕事をするようになるとは予想もしていなかった。人前で講演し、本を執筆するなどとんでもない！　最初はそう思ったが、地道に時間をかけてここまでやってきた。少しずつだが、経済的に余裕も生まれるようになった。

それに、この仕事をしてみて、私の話が人々の役に立つのだと知った。マキャベリは、「人は自分の利益のために利用するもの」だとは教えてくれたが、「役立つ知恵を共有する相手」だとは教えてくれなかった。

「正義を貫く人は災難から救われる。
災難は悪人のもとへとやってくる」

ソロモン

この仕事を続けていっても、メイドマンのときほどは稼げないだろう。でも、そんなことはどうでもいい。今のほうが充実した毎日を送れている。

ソーセージの皮は小さくなったが、中身は以前のどの具材よりもはるかに美味しい。私は生きている。それに自由の身だ。仕事だってある。できれば今の仕事で得られる収入で、家族と私が楽しく暮らしていけたらいいと思っている。そして、ときどき誰かの人生によい影響を与えることができれば、これほど嬉しいことはない。

私は普通の生活を送るチャンスに恵まれた。マキャベリの教えに従っていた頃の仲間たちはみな、死んでしまったか、寿命がくるまで刑務所にいるかのどちらかだ。

あなたにとっての「成功」とは何か、改めて考えてみてほしい。経済的な豊かさを求めること＝成功とは限らないのだから。

家族と過ごす時間は取れているだろうか？

日々「楽しい」と感じているだろうか？

心から大切に思っている友人はいるだろうか？

困っている人に助けの手を差し伸べる気持ちの余裕はあるだろうか？

あなたに絶対に必要なもの、それは不正に手を貸さない勇気だ。成功のために自分を偽らねばならないとしたら、成功に対する考え方を改めたほうがいい。

「成功＝金持ちになること」という固定観念から自由になれたら、〃もっともっと収入を増やさなければいけない〃という重圧から解放される。そうすると、それまでと違って気持ちが明るくなる。何百万ドルという収入はなくても、ぐっすり眠れるようになるのだ。

大企業の経営者となって莫大な収入を得ても、素晴らしい人生とは限らない。家族も友人もなく、惨めに死んだ資産家や実業家の名をあげればきりがない。

どうか、彼らと同じ道を歩むことのないように。それが私の心からの願いだ。

最後に

私がファミリーを抜けると聞き、バーニー・ウェルシュFBI捜査官はこう叫んだ。

「何だって！　殺されるつもりか」

ニューヨーク東部組織犯罪撲滅部隊の責任者エドワード・マクドナルドはこう言ったそうだ。

「私なら絶対にそんなことはしない。マイケルが命を落とすのは時間の問題だ」

二人とも、マフィアの死刑宣告を受けた人間が生き延びられるとは考えもしなかったらしい。

私がメイドマンの誓いを立てた夜、ほかに五人が同じように誓いを立てたが、生き残ったのは私だけだ。ちなみに、病気や偶然の事故で死んだ者は一人もいない。

私は世界一優秀なビジネスマンでもないし、世界一成功を収めた男でもない。ただ、普通以上の試練をくぐり抜けてきたことは確かだ。困難な状況で解決策を見いだす能力には自信がある。

殴られた回数も、酒場の喧嘩っ早い連中とは比べものにならない。

大学は出ていないが、ビジネスと生き方に関しては、〝実社会という学校〟で修士号を取得した。同年代の仲間で、この両方を修了できた者はほとんどいない。なぜ私が修了できたか考えてみると「粘り強さ」があったからにほかならない。

粘り強さは経験を重ねていけば自然と身につく。成功したビジネスマンのほとんどが、この資質を持ち合わせている。どんなビジネスでも、業績が落ち込む時期が必ずある。それを無事に乗り切らせてくれるのが粘り強さだ。

この本で語った教訓は、すべて私が長年の経験から学んだものだ。

私は本当に運のいい男だと思う。命を落とすことなく晴れて自由の身となって、自分が学んだ教訓をあなたと分かち合えるのだから。

あなたにも、本書で紹介した教訓や知恵を活用してもらいたい。そうすれば、ビジネスでもプライベートでも、成功を手に入れられる。

映画「ゴッドファーザー」でマフィアのファミリーの〝提案〟を拒んだ男は、無残に切り落とされた愛馬の首と自宅の寝室で対面させられた。

私はあなたに、そんなことをしたくはない。

そんなことをされなくても、私が本書で書いたあなたへの〝提案〟に「嫌と言ってはいけない」のだと気づいてもらえることを切に願う。

マイケル・フランゼーゼ

最強マフィアの仕事術

発行日　2018年4月15日　第1刷
　　　　2025年7月 1 日　第4刷

Author　マイケル・フランゼーゼ

Translator　花塚恵
Book Designer　川名潤（pri graphics inc.）
Resize/DTP　小林祐司

Publication　株式会社ディスカヴァー・トゥエンティワン
〒102-0093　東京都千代田区平河町2-16-1 平河町森タワー11F
TEL　03-3237-8321（代表）
FAX　03-3237-8323
http://www.d21.co.jp

Publisher　谷口奈緒美
Editor　原典宏

Store Sales Company
佐藤昌幸　古矢薫　蛯原昇　石橋陸　生貫朱音　佐藤淳基　津野主揮
鈴木雄大　山田論志　藤井多穂子　松ノ下直輝　小山怜那　町田加奈子
Online Store Company
飯田智樹　庄司知世　杉田彰子　森谷真一　青木翔平　阿知波淳平
大﨑双葉　北野風生　舘瑞恵　徳間凜太郎　廣内悠理　三輪真也　八木眸
安室舜介　高原未来子　江頭慶　小穴史織　川西未恵　金野美穂　千葉潤子
松浦麻恵
Publishing Company
大山聡子　大竹朝子　藤田浩芳　三谷祐一　千葉正幸　中島俊平　伊東佑真
榎本明日香　大田原恵美　小石亜季　西川なつか　野﨑竜海　野中保奈美
野村美空　橋本莉奈　林秀樹　村尾純司　元木優子　安永姫菜　古川菜津子
浅野目七重　厚見アレックス太郎　神日登美　小林亜由美　陳玟萱
波塚みなみ　林佳菜
Digital Solution Company
小野航平　馮東平　林秀規
Headquarters
川島理　小関勝則　田中亜紀　山中麻吏　井上竜之介　奥田千晶
小田木もも　福永友紀　俵敬子　三上和雄　石橋佐知子　伊藤香　伊藤由美
鈴木洋子　照島さくら　福田章平　藤井かおり　丸山香織

Proofreader　株式会社文字工房燦光
Printing　中央精版印刷株式会社

ISBN978-4-7993-2259-8

携書ロゴ：長坂勇司
携書フォーマット：石間　淳